Introduction à l'Analyse des Organisations

Dans la même collection

(extraits)

3. Kœnig Gilbert, *Les théories de la firme,* 2e éd.
4. Gogue Jean-Marie, *Le management de la qualité,* 5e éd.
11. Pateyron Emmanuel-Arnaud, *Le management stratégique de l'information.*
17. Batsch Laurent, *Le diagnostic financier,* 2e éd.
36. Amadieu Jean-François et Dodin Loïc, *Compétence et organisation qualifiante.*
38. Pateyron Emmanuel-Arnaud et Salmon Robert, *Les nouvelles technologies de l'information et l'entreprise.*
42. Hatem Fabrice, *Introduction à la prospective.*
43. Décaudin Jean-Marc, *Glossaire de la communication marketing.*
54. Bancel Franck, *La gouvernance des entreprises.*
58. Coope Laurent et Pannetier Gilles, *Télétravail et téléservices.*
62. Libaert Thierry, *La communication d'entreprise,* 2e éd.
63. Guilhon Bernard, *Les firmes globales.*
66. Plane Jean-Michel, *La gestion des ressources humaines,* 2e éd.
70. Germain Michel, *Conduite de projet Intranet.*
73. Jambart Claude, *Gestion de la qualité – La norme ISO 9001:2000 en pratique.*

Introduction à l'Analyse des Organisations

Yves Frédéric LIVIAN

3e édition

ECONOMICA
49, rue Héricart, 75015 Paris

INTRODUCTION

La qualité du fonctionnement organisationnel est unanimement reconnue aujourd'hui comme un élément essentiel de la compétitivité des entreprises. Elle l'est également pour l'efficacité de toutes les entités administratives, culturelles et sociales.

Ceci a pour conséquence qu'un nombre croissant de personnes ont à décrire et à évaluer le fonctionnement de leur organisation, voire à proposer ou mettre en œuvre elles-mêmes les changements nécessaires.

C'est dans cet esprit que le présent ouvrage a pour but d'initier un large public à l'analyse des organisations.

Le domaine couvert pourrait être intitulé, comme dans les universités anglo-saxonnes, « Théorie de l'organisation ». Mais nous avons surtout voulu nous situer dans une démarche d'analyse et d'action, en mobilisant des connaissances puisées à des sources habituellement éparses et hétérogènes (sciences sociales, management, pratiques d'entreprises et de consultants…).

D'autre part, ce domaine, même s'il fait aujourd'hui partie intégrante de la formation à la gestion d'entreprise, a vocation à s'insérer dans toute réflexion relative au fonctionnement et à la conduite des entités les plus diverses (associations, organismes de santé, administrations…).

Son utilisation est enfin possible, non seulement dans des fonctions de direction et d'encadrement, mais également dans des positions d'intervenant (consultant, formateur, représentant du personnel…) ou tout simplement dans celle de salarié désireux de développer sa lucidité sur le fonctionnement de l'organisation à laquelle il consacre souvent un nombre important d'heures dans sa journée ! [1].

Après un chapitre présentant des éléments de base sur ce qu'est une organisation et sur les approches qui permettent de l'analyser (chapitre I), nous traiterons de la description des structures d'entreprise (chapitre II), puis, nous examinerons les relations et, pour mieux dire, les interactions entre les organisations et leurs environnements (chapitre III). La prise de décision, phénomène essentiel, fera l'objet d'un chapitre spécifique (chapitre IV). L'analyse de l'organisation passe par la compréhension des comportements des acteurs qui y sont engagés (chapitre V). Pour terminer, on dégagera quelques évolutions actuelles des organisations dans les pays développés (chapitre VI), et on indiquera quelques méthodes qui permettent de passer de l'analyse à l'action (chapitre VII).

---

1. Nous parlerons quelquefois dans l'ouvrage du « gestionnaire » comme utilisateur potentiel de ce domaine de connaissances. Il faut donc entendre ce mot au sens le plus large possible.

CHAPITRE I

Définitions et approches de l'organisation

Il est tout d'abord indispensable de définir la notion d'organisation et de situer ses origines. Nous passerons ensuite en revue les différentes approches par lesquelles on a tenté jusqu'à présent de saisir cette réalité complexe, et l'on s'arrêtera sur celle qui a eu le plus d'influence historique : l'organisation vue comme une « machine ». On détaillera deux « modèles » essentiels qui ont dominé l'analyse de l'organisation : le taylorisme et la bureaucratie.

1. Qu'est-ce qu'une organisation ?

1.1. La notion d'« action organisée »

Partons d'une réalité simple : deux ou trois individus ont un projet commun (faire de l'escalade). Il leur faut : tout d'abord communiquer entre eux, interagir. Ils devront se préparer, envisager les difficultés de l'ascension, peut-être devront-ils se répartir des rôles. Le point de départ est bien ce que les sociologues appellent l'« action organisée » : la nécessaire coopération entre plusieurs individus, qui vont réaliser ensemble quelque chose. Il ne s'agit pas forcément d'une communauté harmonieuse : l'ascension suscitera peut-être des tensions entre les membres de l'expédition, et d'ailleurs il est probable que chacun a au départ une vision différente du plaisir qu'il peut en retirer : la beauté des paysages, la griserie de l'effort, la fierté de l'exploit… Ces personnes appartiennent aussi à d'autres groupes en dehors de leurs périodes de loisirs : familles, milieux professionnels. Peu importe, l'escalade envisagée les oblige à interagir et à construire, même provisoirement et partiellement, quelque chose de commun. Pour y parvenir, il est vraisemblable qu'ils vont devoir procéder à certaines opérations : se mettre d'accord sur le sommet à escalader, fixer une date, se procurer des cartes…

Les personnes engagées dans ce projet peuvent s'y prendre de différentes manières, faire place à plus ou moins d'improvisation, rechercher un équipement plus ou moins sophistiqué : de toute façon, ils ont à trouver des solutions pour régler une série de problèmes communs. Les individus engagés dans une action organisée ont à assurer leur coopération, à partir de leur diversité (voire de leurs divergences). Des processus vont donc être utilisés pour y parvenir : une certaine répartition des tâches sera établie, une règle de partage des dépenses va être fixée, une autorité va être reconnue au randonneur le plus expérimenté, etc.

Dans notre cas, il est vraisemblable que ces processus seront peu nombreux et très souples. Dans le cas d'un groupe régulier de randonneurs, il en sera différemment : il y aura des réunions, des programmes annuels, voire le dépôt des statuts d'une association…

Le degré de structuration de l'action organisée varie donc de manière considérable, entre les formes les plus souples, les plus indistinctes (notre groupe d'amis par exemple), et celles qui sont les plus précises et les plus officielles (le Club Alpin Français, l'association des Guides de Chamonix ou le ministère des Sports, pour prolonger notre exemple).

Une autre vision, de nature économique, converge vers une analyse voisine. Selon celle-ci, le fonctionnement de l'économie met en jeu l'existence de formes sociales très diverses, même dans les économies où le marché joue un rôle essentiel. À côté de ce marché, auquel l'analyse économique classique limitait son regard, il y a des institutions comme les règles de droit, les principes de confiance ou de loyauté qui contribuent à ordonner la vie économique. Et il y a aussi les « organisations » (entreprises, État…). Certains économistes ont renouvelé leur analyse de ce qu'est une organisation et des raisons de son existence. Par exemple, O. Williamson (1975) remet à jour et développe une explication du fait organisationnel (et donc de l'insuffisance du seul marché comme mécanisme d'allocation des ressources). Selon lui, la vie économique nécessite un ensemble de contrats bilatéraux entre agents économiques. Mais ceux-ci soulèvent une série de problèmes, liés à l'imperfection de l'information disponible : les événements postérieurs à la signature du contrat sont imprévisibles, la vérification du respect des contrats peut être coûteuse. Il y a un certain nombre de « coûts de transaction ». L'organisation a pour fonction de limiter ces coûts de transaction, en élaborant d'autres mécanismes d'allocation des ressources fondés sur la hiérarchie. L'organisation est donc une solution supérieure au marché pour traiter ces problèmes [1].

Cette approche est intéressante car elle signifie que les économistes, contrairement à ce qu'ils faisaient auparavant, regardent maintenant à l'intérieur de l'entreprise.

Toutefois, on se gardera d'opposer de manière excessive organisation (forme structurée) à marché (forme non structurée). Toutes les organisations laissent place à de l'incertitude et à de la négociation (nous y reviendrons aux chapitres II et V), tous les marchés apparemment « libres » nécessitent un minimum d'ordre (un lieu où l'offre et la demande se rencontrent, des règles du jeu, etc.). On peut constater aussi que l'organisation fait vivre en son sein des relations de marché (par exemple ce que les économistes appellent les « marchés internes » de travail, qui déterminent le niveau des salaires au sein de l'entreprise).

Mais le postulat essentiel est que, dans tous les cas, les interactions qui se déroulent dans les organisations peuvent être soumises à un même type d'analyse.

La « théorie des organisations » ou l'analyse des organisations a précisément pour but d'étudier les processus communs inhérents à toute action organisée. Mais elle s'est historiquement attachée surtout à ce que l'on appelle une « organisation ».

1.2. « L'organisation » et ses caractéristiques

À l'intérieur de ce continuum, entre le plus souple et le plus structuré, on doit souligner une idée centrale : les individus engagés dans l'action ont à la fois à se distin-

1. Voir notamment G. Kœnig, *Les théories de la firme*, Economica, 1993, p. 59 et s.

guer (tout le monde ne va pas tout faire et les intérêts peuvent être divergents) et à collaborer (il faut qu'au total l'action collective se réalise).

L'« organisation » naît à partir du moment où se manifeste et se concrétise ce double mouvement de division et de coopération.

Parmi les formes les plus stables de structuration de l'action organisée, et précisément ayant le plus à résoudre concrètement ce double problème de la division du travail et de la coopération, se trouvent ce que nous appellerons les « organisations ».

Un hôpital, une entreprise commerciale, une association d'handicapés, un office d'HLM, une prison sont des organisations, au sens où, bien qu'ayant des objectifs fort différents, ils partagent un certain nombre de caractéristiques communes quant à leur mode de fonctionnement, que nous allons tenter de passer en revue.

Disons tout de suite que cette description ne va pas aboutir à une définition définitive de ce qu'est ou n'est pas une organisation. En effet, « il est plus facile – et probablement plus utile – de donner des exemples d'organisations formelles que de définir ce terme », comme le disent J. March et H. Simon.

Nous allons plutôt repérer quelles sont les caractéristiques communément admises de ces « organisations » et quelles sont celles qui posent problème. On verra qu'au-delà d'une question sémantique, finalement secondaire, c'est la conception que l'on doit avoir de ces ensembles humains qui est en jeu.

On peut relever quatre caractéristiques essentielles :

L'existence d'une division des tâches

Elle est plus ou moins précise et stricte, elle est établie par des textes ou résulte de la coutume, mais elle existe, depuis l'équipe de football jusqu'à la compagnie de gendarmerie…

L'existence d'une hiérarchie ou, en tout cas, d'un contrôle social exercé par certains des membres

Dans certaines organisations, un règlement codifie clairement la hiérarchie, celle-ci étant d'ailleurs visible (les galons dans l'armée). Dans d'autres, il faut aller découvrir comment les individus choisissent des « leaders » (par exemple, dans des associations ou des clubs sportifs).

L'existence de règles officielles et de procédures

Elles peuvent être plus ou moins développées et formalisées, mais il faut quand même un minimum de règles d'entrée (qui fait partie de l'organisation ? qui n'en fait pas partie ?) et d'accès aux fonctions (comment devient-on le secrétaire ou le directeur général ?).

Une certaine stabilité

La division du travail, la hiérarchie et les règles ne sont vraiment nécessaires que si l'ensemble considéré a une permanence (si le groupe jusque-là sporadique de randonneurs décide de se retrouver régulièrement, il peut être amené à acheter du matériel, à faire des programmes pour la saison, à recruter d'autres membres, etc. Il sera alors sur le chemin de devenir une « organisation »).

Si l'on peut admettre ces quatre caractéristiques, trois questions complémentaires se posent.

La taille est-elle une caractéristique constitutive de ce qu'est une organisation ?

L'accroissement de la taille induit souvent une élévation du degré de formalisation (on peut prendre l'exemple fréquent des deux amis entrepreneurs qui développent leur affaire, recrutent... et se trouvent confrontés à la nécessité de formaliser un mode de fonctionnement auparavant spontané et souple). Mais cela ne veut pas dire qu'il y ait des seuils précis.

L'organisation se définit-elle par ses buts ?

De nombreuses définitions de la notion incluent l'idée que l'organisation est un ensemble finalisé « à faire quelque chose ». Il faut l'admettre, à condition de ne pas oublier :

– qu'au sein d'une organisation, les membres ont une vision particulière de ses buts (le PDG n'a pas la même conception des buts de l'entreprise que sa secrétaire),

– que les buts proclamés peuvent être différents des buts réels (celui qui veut comprendre une organisation doit d'abord aller voir quels sont les buts effectivement poursuivis, plutôt que d'écouter les discours officiels),

– qu'il n'est jamais facile de savoir quels sont les buts « finals » et les buts « intermédiaires » (une association de pêche n'a-t'elle pas souvent pour but de faire rencontrer des amis ?),

– que les buts sont évolutifs, et qu'une organisation ayant un certain passé, peut être vue comme étant un outil… à la recherche constante de ses propres buts (une entreprise cherche à survivre, quitte à changer de créneau de marché).

Ce débat sur les buts d'une organisation est essentiel. [1] Revenons-en pour l'instant aux conclusions pratiques :

– Compte tenu de la pluralité des buts, il n'est possible d'évaluer l'efficacité d'une organisation qu'en référence à une catégorie de buts déterminée (buts financiers, administratifs, sociaux, etc.).

– Les catégories d'organisations établies sur la base de leurs buts (organisations éducatives, sociales, économiques…) ne donnent qu'une idée très partielle de la manière dont elles fonctionnent (il y a des écoles qui fonctionnent comme des usines, des usines comme des régiments…).

L'organisation se définit-elle par ses frontières ?

Il est clair aujourd'hui que les « frontières » des organisations industrielles et commerciales sont fortement évolutives [2]. L'intégration des activités dans un ensemble aux limites économiques et juridiques claires n'est plus la réalité la plus courante.

Au contraire, se développent des relations de sous-traitance, de distribution, des accords de recherches, des alliances, qui associent des unités économiques diverses. On peut encore quelquefois distinguer un « cœur » de l'entreprise, autour d'instances de direction, mais d'une manière générale les relations sont de plus en plus complexes au sein d'un ensemble d'agents économiques contribuant à une « action organisée » industrielle.

---

1. Nous reviendrons sur certains de ces points dans les chapitres IV et V.

2. Nous y reviendrons dans le chapitre VI.

1.3. Origines et avenir de la notion d'organisation

Comme toute notion, celle d'organisation émerge dans un contexte socio-historique donné.

Bien entendu, la réflexion sur le fonctionnement concret des États et des institutions est ancienne : le gestionnaire d'aujourd'hui peut trouver dans Machiavel par exemple des analyses d'une grande finesse sur les difficultés de l'action collective et les chausse-trappes dont elle est le théâtre.

Mais la notion d'organisation naît de l'évolution des entreprises : au début du 20e siècle, elles sont de moins en moins dirigées par leurs patrons-propriétaires, de plus en plus par une nouvelle couche d'ingénieurs et d'administrateurs qui concentrent le pouvoir.

Dans ce contexte, leur fonctionnement devient une affaire de raison et de calcul : dans le premier quart du 20e siècle, apparaissent les premières théories de ce qu'on a appelé plus tard le « management » : F.W. Taylor (1902 et 1911), H. Fayol (1916). Le 20e siècle est marqué par « l'ère des organisateurs » (J. Burnham, 1939), groupe de « technocrates », sur lequel on reviendra plus loin pour montrer leur importance (J.K. Galbraith parle de « technostructure », 1967).

Plus tard, on a insisté également sur le fait que les « organisations » jouent un rôle déterminant dans la vie du citoyen des sociétés industrielles développées, qui passe de l'école (une organisation) à l'entreprise ou à l'administration qui l'emploie (d'autres organisations), sans parler de l'armée, des églises ou de l'hôpital…

C'est une caractéristique des temps modernes que d'avoir créé ces organisations, qui impriment fortement leur marque sur l'homme et, selon certains, lui font perdre son autonomie et son authenticité (« L'homme de l'organisation », nouveau type d'homme selon W. Whyte Jr, 1956).

L'émergence de cette notion correspond donc à deux types d'apports :

– un intérêt croissant pour le mode de fonctionnement de ces ensembles, essentiels à la vie de nos sociétés, et la recherche de leurs principes d'intelligibilité, voire d'efficacité, (c'est le but de la « théorie » des organisations) ;

– un postulat selon lequel les principes à rechercher pourraient être communs, quels que soient les buts ou les formes de ces ensembles (cette extension vaut plus globalement pour le domaine de la gestion : certains parlent d'ailleurs de « gestion des organisations »).

L'évolution de la vie des affaires dans les pays industrialisés conduit non pas à remettre en cause la notion d'organisation, mais à élargir la perspective et à garder à l'esprit l'ensemble du spectre de l'action organisée, dont l'organisation (telle qu'on la définit dans le premier tiers du 20e siècle), n'est qu'une modalité.

De nombreuses recherches aujourd'hui portent sur les relations entre agents économiques qui ne passent pas forcément par une stabilisation et une formalisation organisationnelle. Le développement actuel de la notion de « réseau » témoigne de la variété grandissante des formes de l'action organisée. Le vocabulaire n'y gagne pas en clarté, car il y a de nombreuses manières de définir ce qu'est un réseau. Mais on peut quand même retenir plusieurs idées communes : un réseau se définit par un ensemble de relations d'échanges, il peut prendre des formes multiples, il peut changer rapidement, il peut fonctionner de manière informelle... On pourra donc parler de réseau reliant la direction de l'entreprise, ses « confrères » de la profession, ses fournisseurs, ses distributeurs, ses banquiers...

Plus structurée sur le plan théorique, l'approche des « conventions », proposée par des économistes à la recherche d'une explication des phénomènes économiques plus réaliste que la théorie standard, correspond également à cette démarche. Leur but est de comprendre comment se réalise la coordination entre agents économiques. Ils mettent en évidence l'importance d'un cadre commun, qui permet l'action, et qu'ils appellent « convention ». La convention est un système de référence et de valeurs permettant à des agents économiques aux intérêts opposés la définition et la réalisation d'objectifs communs. Les agents économiques ont, en effet, intérêt à fonctionner à l'intérieur de règles admises par tous, de manière à limiter l'incertitude (celle du « chacun fait n'importe quoi »), et à faciliter la coordination de leurs actions.

Dans toutes les démarches, il y a bien un intérêt commun pour les différents formes de coordination de l'action humaine et pour les processus qui les font naître.

2. Les sept métaphores utilisées pour analyser les organisations

Il y a plusieurs manières d'approcher les organisations : leur complexité est telle qu'on peut chausser plusieurs types de lunettes pour les regarder. C'est pour cela que leur analyse a fait l'objet de nombreuses théories [1]. Plutôt que de les passer systématiquement en revue, nous suivrons plutôt G. Morgan [2], qui résume ces approches en sept métaphores, sept images essentielles utilisées pour représenter ce qu'est une organisation. Cette présentation a un énorme avantage : elle renvoie à des théories, mais qui ne sont pas classées de manière chronologique (on rompt alors avec la présentation naïve : il était une fois le taylorisme, puis sont venues les relations humaines, etc.). En effet, on peut aujourd'hui utiliser l'une ou l'autre de ces images. Il y a, aujourd'hui, des concepts et des pratiques issues de chaque image, dont il importe de bien prendre conscience ; chaque auteur, chaque spécialiste prétend à l'universalité de son approche, mais on ne doit pas oublier qu'elle est fondée – même si l'auteur ne le dit pas – sur une représentation de ce qu'est l'organisation, qui a son intérêt et ses limites.

G. Morgan nous donne donc une grille de lecture indispensable. Nous la présentons, librement adaptée par nos soins, dans le tableau 1. On y a indiqué les idées essentielles liées à chaque « image », le type de métaphore, quelques auteurs et dates-clés, le type de vocabulaire utilisé aujourd'hui se rattachant à chaque image, et le domaine de la gestion d'entreprise où cette image est le plus souvent utilisée.

L'image « mécanique » est largement dominante : elle est celle qui convient le mieux à la volonté de gestion « scientifique » apparue au début du 20e siècle, et est perpétuée par les ingénieurs, qui s'y trouvent à l'aise. Elle correspond aussi aux origines militaires de certaines théories, encore visibles aujourd'hui dans le vocabulaire de l'entreprise (cadre, état-major, stratégie...). L'organisation est un instrument à atteindre certains buts, elle doit le faire dans l'ordre et la précision. C'est aujourd'hui encore le modèle implicite de nombreuses techniques de gestion.

---

1. Voir bibliographie.
2. *Images de l'organisation*, Paris, Université Laval, Eska, 1989.

TABLEAU 1

Les sept images de l'organisation (d'après G. Morgan)

	Machine	Organisme vivant	Cerveau	Culture	Système politique	« Prison mentale »	Instrument de domination
Image essentielle « l'organisation est… »	Un mécanisme, dont les rouages doivent être huilés et où chacun doit être à sa place	Un système qui s'adapte à son environnement	Un cerveau qui rassemble et traite de l'information et commande aux organes	Un groupe, un peuple qui secrète des valeurs communes et qui crée des liens d'appartenance	Un lieu de gouvernement, où les individus s'allient et s'opposent dans la défense de leurs intérêts	Un lieu où le psychisme humain se manifeste, où les passions s'expriment, créateur de plaisir et d'angoisse	Un outil au service d'une oligarchie, qui cherche à reproduire sa domination
Métaphore	Mécanique	Biologique	Biologique Cybernétique (b)	Anthropologique	Politique (la cité)	Psychologique	Politique
Auteurs et dates-clés	F.W. Taylor (1911) H. Fayol (1916) M. Weber (1947) (a)	L. Von Bertalanffy (1951) J. Mélèse	H. Simon (1947) S. Beer (1972)	E. Schein (1987)	J. March et H. Simon (1958) M. Crozier et Friedberg (1977)	E. Jacques (1951) V. Gaulejac E. Enriquez (1974)	R. Michels (1911) H. Braverman S. Clegg
Vocabulaire	Maîtrise, contrôle, rouage, pilotage…	Cellule, système	Système nerveux, connexions, rétroaction (feed back)	Culture d'atelier, d'entreprise, tribus, mythes et héros	Pouvoir, gouvernement, acteurs, intérêts, influence, stratégies.	Dépendance, stress, pulsion, inconscient, bouc émissaire.	Classe, domination, pouvoir.
Domaines de la gestion influencés	Production, contrôle de gestion, comptabilité	Informatique, organisation, marketing	Informatique, systèmes d'information	Gestion des hommes, communication	Direction générale, gestion des hommes, stratégie d'entreprise	Gestion des hommes, management	Relations sociales

(a) On peut rapprocher l'analyse de la « bureaucratie » par M. Weber du modèle de la machine (cf. *infra*).

On voit l'utilité historique de cette image, en même temps que ses considérables limites : Quelle place occupent les hommes dans cette image ? Quelles sciences permettent d'en définir le fonctionnement ? Comment la « machine » peut-elle innover ou s'adapter ?

L'image biologique apporte cette ouverture à l'environnement qui manque dans l'image précédente. Elle contient l'idée d'une inter-relation entre les différents éléments de l'organisation, et la compréhension des états d'équilibre du « système ». Très influente dans de nombreux secteurs de l'entreprise, cette image fait peu de place à l'acteur humain, absent de ces processus d'adaptation.

L'image anthropologique est riche en termes de compréhension des comportements dans l'organisation : comme tout groupe social, l'organisation produit des règles et des valeurs, qui permettent à ses membres d'avoir une identité collective.

Elle a été un peu abusivement utilisée ces dernières années par des managers cherchant à rassembler, à « mobiliser » le personnel en période de crise. Elle contient le risque de centrer l'attention sur ce qui unifie le groupe et fait peu de place aux processus formels.

L'image politique (« la firme est une coalition politique » disait J.G. March en 1962) est d'une grande utilité pour analyser le fonctionnement et les stratégies des grandes organisations, où la notion de pouvoir est centrale : on voit bien que les images machiniques et biologiques ne peuvent que passer à côté d'un tel phénomène, pourtant si quotidien (conflits, intérêts, alliances…).

L'entreprise n'est pas isolée des processus de pouvoir existant dans la société, la gestion d'entreprise n'est pas un exercice idéologiquement neutre *(Image de l'instrument de domination)*. Mais l'entreprise industrielle n'est pas non plus qu'une société à gouverner.

L'image psychique nous rappelle, à partir du moment où l'on a admis que l'organisation n'est pas qu'une machine ou un système biologique, que les hommes s'y trouvent engagés dans toutes leurs dimensions, y compris psychiques.

L'organisation est un lieu de contrainte psychologique, d'adhésion et de soumission : ce sont ces processus aussi qui font passer du groupe informe à l'ensemble organisé, « de la horde à l'État », (pour reprendre le titre d'un ouvrage de E. Enriquez).

Le management d'entreprise utilise d'ailleurs ces processus psychologiques, conscients et inconscients, (idéalisation ou identification à l'entreprise, mobilisation de l'énergie, projection...) dans le sens de l'atteinte des résultats fixés par la direction.

Chaque approche apporte donc des éléments spécifiques qui peuvent éclairer la réalité organisationnelle : le consultant ou le gestionnaire devra choisir les concepts et les méthodes qui lui paraissent les plus adaptés à l'analyse qu'il a à réaliser. Le plus souvent, il devra combiner plusieurs images pour donner le maximum de sens à la situation face à laquelle il se trouve.

3. Deux œuvres fondatrices : Taylor et Weber

L'organisation est d'abord vue comme une machine : aussi est-il nécessaire de détailler quelque peu deux modèles historiques qui, à la même époque, ont profondément marqué l'analyse des organisations et qui contribuent à cette représentation : l'œuvre de F.W. Taylor et celle de M. Weber.

Elles sont issues d'hommes très différents (un ingénieur praticien, un économiste-sociologue chercheur) et ont des objectifs également différents (proposer aux patrons des méthodes de gestion pour l'un, proposer une analyse des sociétés pour l'autre). Mais elles correspondent à un même tournant historique.

3.1. L'organisation scientifique de F.W. Taylor

Sujets inépuisables, Taylor et le taylorisme sont indispensables à l'analyse actuelle des organisations pour deux raisons essentielles :

– L'ambition initiale de F.W. Taylor, créer une science du travail et de l'organisation, même si elle n'a pas complètement abouti, est toujours présente dans les méthodes de gestion et d'organisation des entreprises et est à l'origine de l'« étude du travail » (ergonomie) [1].

– Le « système » qu'il a mis en place dans les entreprises a aujourd'hui encore un héritage immense. L'analyse d'autres formes d'organisation d'entreprises, même

1. Cf. chapitre VII, paragraphe 1.1.

si elles cherchent à rompre avec cet héritage, se sert toujours de la référence au taylorisme (y compris pour s'y opposer).

F.W. Taylor (1856-1915) se donne pour but de rompre avec les méthodes empiriques de gestion d'entreprises du 19e siècle. Le patronat d'alors ne lui paraît pas assez formé, pas assez actif dans le sens de l'efficacité de l'entreprise.

Comme son contemporain français H. Fayol (1841-1925), il pense qu'il lui faut une approche scientifique des problèmes d'organisation, fondée sur :

– l'étude systématique des postes de travail, de façon à les concevoir de manière efficace et à indiquer ensuite à l'ouvrier les gestes qu'il lui faut faire,

– la sélection rigoureuse et « objective » des salariés par rapport aux tâches à effectuer ;

– la création de services spécialisés dans la conception du travail (le bureau des méthodes) ;

– la recherche systématique de la « meilleure méthode » d'organisation, grâce à une investigation scientifique et non aux us et coutumes antérieurs.

Cette « organisation scientifique du travail » (OST) débouche pour Taylor sur une philosophie des relations sociales (partie oubliée de son œuvre !).

– L'analyse du travail n'exclut pas l'ouvrier : celui-ci a lui aussi des suggestions à faire (on redécouvrira cet aspect beaucoup plus tard, cf. chapitre VI).

– L'objectivité scientifique ainsi obtenue, il n'y a plus de raison pour que patrons et ouvriers se disputent ! Par exemple, la rémunération a un fondement juste : le rendement de l'ouvrier. Faire partout triompher la rigueur et l'esprit scientifique ne peut que rallier l'ensemble des personnes concernées et aboutir à l'harmonie sociale.

Même si c'est H. Ford (1863-1947) qui développe concrètement et complète ces principes, en bâtissant le modèle moderne d'organisation de l'industrie de masse (cf. *infra*, chapitre VI), l'héritage du taylorisme est immense [1] :

---

1. Cet héritage est constitué par les pratiques réellement utilisées davantage que par les idées de F.W. Taylor. Dans certains cas, les pratiques industrielles concrètes s'opposent même à ce qu'il avait lui-même proposé dans ses écrits. Mais ce qui nous intéresse ici est bien la réalité industrielle.

Le petit Hollandais et les gueuses de fonte

La scène se passe aux États-Unis, en 1898, dans une aciérie. Une équipe charge dans des wagons des « gueuses » de fonte. Chaque ouvrier prend une gueuse – elle pèse quarante kilos –, avance sur un plan incliné qui conduit au wagon et jette sa charge dans le fond. Au bout de sa journée, il en a ainsi transporté treize tonnes.

Un monsieur s'approche de l'un des ouvriers, un petit Hollandais qui construit lui-même sa maison, le matin avant son travail et le soir en rentrant.

« Vous gagnez un dollar quinze par jour, je crois, dit le monsieur.

– Oui, monsieur.

– Voulez-vous gagner désormais un dollar quatre-vingt-cinq ?

– Qu'est-ce qu'il faudra faire ?

– C'est tout simple. Quelqu'un viendra demain et vous ferez exactement ce qu'il vous dira, toute la journée. Quand il vous dira de prendre une gueuse et de la transporter, vous le ferez. Quand il vous dira de vous asseoir et de vous reposer, vous le ferez. Sans discuter. Un bon ouvrier fait ce qu'on lui dit et ne discute pas. Nous verrons de quoi vous êtes capable. »

Le lendemain, les choses se passent exactement ainsi. Le petit Hollandais se met au travail ; toute la journée, l'homme qui se trouve près de lui, avec un chronomètre, lui dit : maintenant, ramassez une gueuse et transportez-la ; maintenant asseyez-vous et reposez-vous... travaillez... reposez-vous. Le petit Hollandais obéit sans discuter. Et à cinq heures et demie, il touche en effet soixante-dix « cents » de plus que d'habitude. Il faut préciser que, ce jour-là, il n'avait pas manipulé treize tonnes mais cinquante.

Taylor raconte cette anecdote dans son livre *La direction scientifique des entreprises*.

– L'analyse des temps et des mouvements, le travail des « bureaux des méthodes » aboutissent à un accroissement énorme de productivité, tout en créant le « travail en miettes » qui a été stigmatisé par la suite.

– La vision taylorienne des postes de travail, séparant la conception (le rôle des ingénieurs et des spécialistes) de l'exécution (le travail de l'opérateur), est étendu y compris hors de l'industrie, dans le secteur tertiaire administratif notamment.

En Europe et aux États-Unis cet héritage (tant fordien que taylorien) est vu aujourd'hui de manière négative, à cause :

– de la disparition, dans l'esprit de l'OST, de l'« ouvrier de métier » détenteur de son savoir-faire propre ;

– de l'extrême contrôle de l'opérateur et de la parcellisation des tâches auxquels les méthodes mises en place dans la filiation taylorienne ont abouti : pensons par exemple au MTM, qui mesure les mouvements en 100 000e d'heure ! ;

– du conflit croissant entre les « fonctionnels » (les Méthodes notamment, habitués à une toute-puissance) et les « opérationnels » (la hiérarchie de production aux prises avec les problèmes quotidiens) ;

– de la rigidité du système, qui bloque les changements et fait que la réalité du travail ne peut s'effectuer qu'à côté des prescriptions officielles de la tâche.

Mais le taylorisme est largement pratiqué aujourd'hui dans les entreprises des pays en cours d'industrialisation (Inde, certains pays d'Asie du Sud-Est) que les entreprises occidentales utilisent aujourd'hui comme sous-traitantes !

L'analyse du taylorisme nous fait considérer que tout mode d'organisation correspond à des conditions historiques ayant quatre composantes :

– *Les ressources humaines disponibles* : le taylorisme met au travail industriel les masses de main-d'œuvre rurale arrivant dans les centres urbains à la fin du 19e siècle (durant la vie de Taylor, 15 millions d'immigrants, la plupart non qualifiés, arrivent aux États-Unis).

– *Les conditions économiques* : le taylorisme correspond au développement de l'industrie de série, fournissant les nouveaux marchés de la grande consommation (métallurgie, automobile…).

– *Les idéologies et représentations* : l'OST est issue d'une vision « scientiste » du monde, qui voit l'organisation comme un grand mécanisme dont il faut établir les lois de fonctionnement. Elle est aussi liée à une philosophie d'entente entre les classes sociales.

– *Les processus techniques* : l'OST correspond au développement de la métallurgie, à l'électricité, à la transmission mécanique…

Nous appellerons *« modèle socio-organisationnel »* (en abrégé MSO) une forme récurrente d'agencement des interactions dans le travail (division des tâches, modes de coopération, procédures et règles), articulant ces différentes composantes à un moment donné (certains économistes parlent de « modèles socio-productifs » [MSP], pour insister sur le type de production – et de consommation – qui est intégré au modèle. Nous l'utiliserons également).

SCHÉMA 1
Un modèle socio-organisationnel

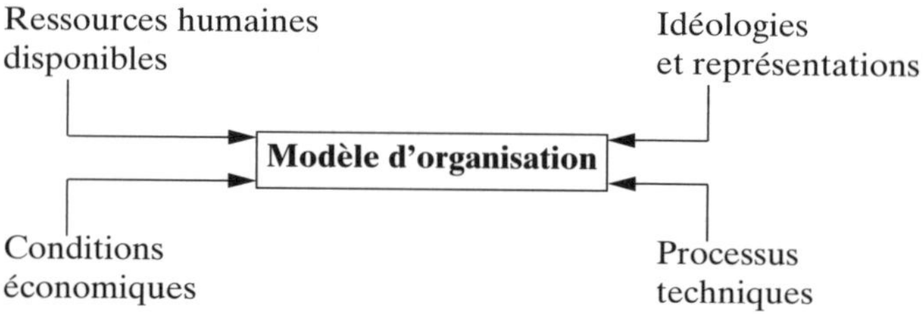

3.2. *L'organisation rationnelle de M. Weber*

M. Weber (1864-1920) ne propose aucun système d'organisation mais analyse les mutations des sociétés européennes. Il constate une évolution dans les fondements de l'autorité :

– le type « traditionnel » repose sur la croyance en la tradition : « le chef n'est pas un supérieur mais un seigneur » ;

– le type « charismatique » repose sur la soumission à une personne, dont la valeur est exceptionnelle ;

– la nouvelle légitimité qu'il voit apparaître est celle de la « raison », fondée sur l'existence de règles acceptées.

Selon lui, un nouveau mode de fonctionnement apparaît, celui de la bureaucratie, qui revêt quatre caractéristiques :

– Il existe des règles abstraites non liées aux personnes (j'obéis à quelqu'un parce qu'il a un rôle officiel dans la hiérarchie, et non par respect pour la tradition ou allégeance à sa personne).

– Les titulaires des postes sont nommés en fonction de leurs compétences légalement reconnues. Ils ne sont pas propriétaires de leurs postes.

– Les activités et les décisions sont définies de manière précise, selon des normes générales. Les procédures sont formalisées et communicables.

– Les dirigeants ne sont pas propriétaires des moyens de production.

L'émergence de cet idéal-type est pour Weber le signe de la rationalisation du monde moderne.

On voit la proximité avec Taylor, à travers le triomphe de la raison, de la rigueur, et la rupture (souhaitée ardemment par Taylor, constatée seulement par Weber) avec les modes d'autorité et d'organisation anciens. Elle correspond à l'émergence des administrateurs et des directeurs, ceux qu'on appellera plus tard les « managers », face aux patrons-propriétaires. Elle affirme la nécessité pour l'entreprise de se fixer ses propres règles, clairement établies et pouvant s'imposer à tous. C'est bien à l'émergence de la notion moderne d'organisation qu'on assiste à cette époque.

Pour autant, il convient de distinguer les deux modèles, car ils peuvent se juxtaposer dans une même réalité ou non.

Comme exemple du premier cas, on peut prendre le fonctionnement de certains services extérieurs d'une grande administration d'État [1] : le processus de travail y est émietté, le travail souvent peu qualifié. Les procédures de travail sont contrôlées. Le service informatique tient lieu de bureau des méthodes, jouant le rôle de l'expert concepteur des procédures. Comme souvent dans un univers taylorien, les attitudes au travail sont passives et peu engagées. Par ailleurs, il s'agit d'unités faiblement autonomes, où l'autorité est détenue par des cadres permanents dont la carrière est étroitement réglée, et ayant en charge l'application de règles générales. Logique taylorienne et logique bureaucratique s'appuient réciproquement.

Comme exemple du second cas, on peut prendre une grande entreprise de conseil, ayant standardisé les compétences, et assurant aux experts qui y travaillent une évolution à travers des étapes précises, faisant l'objet de règles. Les opérations sont également standardisées par catégories de clients. C'est ce que H. Mintzberg appelle

1. Observation empruntée à L. Demailly.

la « bureaucratie professionnelle » (cf. *infra*, chapitre II). Il y a bureaucratie mais non taylorisation, car les salariés y travaillent de manière autonome et non parcellisée.

La « bureaucratie » : les avatars d'une notion

La « bureaucratie » n'a jamais eu bonne presse : dès le 18e siècle, elle désigne le pouvoir des bureaux et l'influence néfaste de l'administration. Aux formes de gouvernement aristocratique et monarchique, il faut en ajouter une nouvelle : la forme bureaucratique, où le pouvoir est exercé par des fonctionnaires dont le désir est de gouverner pour gouverner et de perpétuer l'existence de leur groupe. Le marxisme voit dans la bureaucratie un « instrument de domination d'une classe ». M. Weber, lui, est plus résigné : pour lui, l'émergence d'une administration « rationnelle » est le prix à payer de la modernité. La sociologie américaine adopte aussi une position plus neutre. Toutes les grandes organisations modernes peuvent être définies comme des « bureaucraties » au sens wébérien : hiérarchie, différenciation des fonctions et des rôles, spécialisation, sélection sur la base des compétences. Il faut aussi souligner les avantages que les membres de l'organisation peuvent tirer de travailler dans une bureaucratie : limitation de l'arbitraire, clarté des droits et devoirs, sécurité, stabilité.

Toute entreprise qui se développe, à partir du petit noyau initial, doit créer des règles et définir une organisation ; le patron doit embaucher des personnes compétentes à qui il va déléguer une partie de son autorité : il y a là un processus inévitable de « bureaucratisation », qui doit être géré au mieux. Bien sûr, la bureaucratie crée ses « dysfonctions », c'est-à-dire des problèmes de fonctionnement ayant des conséquences négatives sur l'ensemble de l'organisation et sur ses membres.

M. Crozier (1963) considère qu'un fonctionnement bureaucratique caractérise de nombreuses administrations françaises : centralisation des décisions, impersonnalité des relations internes, cloisonnement. Il trouve des liens entre ce fonctionnement-là et des caractéristiques culturelles françaises (par exemple : éloignement des chefs, peur du face à face, changement par crise plutôt que par adaptation).

Le développement d'organisations lâches, aux règles fluctuantes (sous prétexte de flexibilité), et du management par le stress exercé sur les individus a fait regretter, par certains penseurs critiques, la disparition des bureaucraties anciennes, qui avaient un côté objectif et sécurisant.

CHAPITRE II

Les structures d'entreprises

Analyser une organisation (on va surtout parler d'entreprise dans ce chapitre), c'est être capable d'en voir les composantes, d'en décrire les éléments et de comprendre comment ceux-ci s'articulent dans un ensemble. La description et l'analyse des structures répondent à cet objectif.

Les « organisateurs » ont en commun de chercher la répartition la plus judicieuse des organes de l'entreprise. Pour cela, il faut classer les activités qui s'y déroulent, les regrouper selon des principes rationnels et faire en sorte qu'elles entrent en relation autant qu'il est nécessaire. La mise au point des « structures » les plus adaptées est une préoccupation constante, depuis H. Fayol. Qu'entend-on par « structures » ? De très nombreuses définitions sont proposées, des plus étroites aux plus larges :

– « la structure est ce qui décrit les rapports des différents services entre eux et les liaisons hiérarchiques existant entre les chefs à différents niveaux » (J. Aubert-Krier) : on voit dans ce cas que l'organigramme est un bon reflet de la structure définie de cette manière ;

– « la structure d'une organisation… comprend tous les aspects tangibles et stables qui permettent de modeler le comportement de ses membres » (J. Child) : il y a là tous les processus non seulement d'organisation, mais de stratégie, de contrôle, de motivation, directs et indirects, officiels ou non… ;

– on peut retenir, comme cohérente avec la notion d'organisation, celle de H. Mintzberg : « La structure est (…) la somme totale des moyens employés pour diviser le travail en tâches distinctes et pour ensuite assurer la coordination nécessaire entre les tâches ».

La grande distinction, qui va conduire à des approches différentes de l'organisation d'entreprise, est celle qui sépare :

– les auteurs ou méthodes qui ne prennent en compte que les aspects formalisés et officiels de la structure (structure « formelle ») ;

– ceux qui prennent en compte essentiellement les relations réelles entre les unités (et entre leurs membres).

Souvent les organisateurs classiques se sont limités à la première conception. Elle est cohérente avec l'image de l'organisation comme « machine ». Les psychosociologues, à l'inverse, qui ont les premiers réagi contre cette conception, n'ont pas toujours accordé d'importance aux règles ou procédures officielles.

En fait, cette distinction entre « formel » et « informel » doit être abandonnée. Une analyse complète et pertinente de l'organisation doit incorporer l'ensemble des éléments : les procédures et règles formelles et les relations qui ne le sont pas. Les unes influent sur les autres. Les comportements des individus et des unités dans une entreprise s'expliquent pour partie par leur position dans la structure officielle. Mais ce qui est formalisé ne prédit jamais complètement ce qui se passe vraiment.

Nous distinguerons trois niveaux dans l'analyse des structures. Les deux premiers, les plus habituellement proposés, reposent sur des typologies. Ils mettent en jeu soit principalement la structure formelle (l'analyse classique), soit un ensemble plus large d'éléments relatifs au mode de coordination principalement utilisé (l'analyse de H. Mintzberg). Le troisième niveau correspond à des structures moins visibles, celles qui modèlent les relations effectives entre les membres d'une organisation.

TABLEAU 1

Niveau 1	Les structures d'autorité et le découpage global des activités.
Niveau 2	Les structures liées aux modes de coordination.
Niveau 3	Les structures de relations entre individus et groupes.

1. La typologie classique des structures formelles

Elle se sert essentiellement de l'organigramme, qui permet de lire trois éléments de la structure :

– le mode de division principal des activités, sur lequel va être fondée la typologie ;

– le nombre de niveaux hiérarchiques ;

– l'éventail de contrôle (*span of control*) à chaque niveau, c'est-à-dire le nombre de personnes rattachées au même responsable.

Les modes principaux de division des activités (appelés aussi « modes de départementalisation ») peuvent être :

– les fonctions,
– les processus techniques,
– les types de produits,
– les marchés,
– les implantations géographiques,
– les projets ou programmes.

Une structure de grande entreprise combinera, bien sûr, plusieurs modes de division des activités. On a pu observer que le développement de la taille et de la complexité d'une entreprise la faisait souvent passer d'une structure faiblement différenciée à une structure par fonction, puis à une structure par produits (à cause des politiques de diversification qu'elle a mises en œuvre).

1.1. La structure par fonction

TABLEAU 2

Les structures par fonctions

Type d'entreprise adapté	Avantages	Inconvénients
Petite taille Produits peu différents	– Clarté – Simplicité – Spécialisation par domaine de compétence	– Risques de conflits entre des logiques différentes
	Conditions de bon fonctionnement : – Comités de coordination – Délégation	

Le principe en est le découpage en grandes fonctions (au sens où H. Fayol avait déjà distingué, dès 1916, les grandes fonctions de l'entreprise : techniques, commerciales, financières, administratives...). Elle correspond aux besoins de simplicité et d'économie éprouvés par les PME.

1.2. La structure par divisions

Elle est apparue au début du 20e siècle aux États-Unis. Le principe est de diviser l'entreprise en unités autonomes spécialisées sur un domaine d'activité et ayant un large éventail de moyens à leur disposition.

Ces « divisions » peuvent être spécialisées selon :

– les familles de produits,

– les marchés ou clientèles,

– les « domaines d'activité stratégique » (*strategic business units*).

Il s'agit typiquement de la structure qui s'est développée dans les années 70, au fur et à mesure de l'accroissement de taille et de la diversification des produits des entreprises des pays développés.

Certaines structures comportent des unités ayant la totalité de leurs fonctions (recherche, production, ventes, gestion...). D'autres entreprises ne peuvent décentraliser dans les divisions que les fonctions qui peuvent être découpées (par exemple, la production peut difficilement être découpée par produits dans la chimie, ou la vente dans les produits agro-alimentaires...).

Conclusion d'une évolution vers une responsabilisation croissante des divisions, certaines entreprises ont filialisé leurs divisions, prélude fréquent à des décisions de cession de ces activités à des « confrères » ou de fusion avec des partenaires industriels.

1.3. La structure par projet ou par programme

L'idée est d'assurer la coordination des différentes fonctions autour de ce qui fait l'essentiel de l'activité de l'entreprise dans certains secteurs, c'est-à-dire la réalisation d'un projet ou d'un programme (exemple : construction d'un pont, élaboration d'un nouveau moteur d'avion). Cette structure est donc adaptée aux activités ayant des opérations discontinues, c'est-à-dire

TABLEAU 3

Les structures par division produit

Type d'entreprise adapté	Avantages	Inconvénients
Plusieurs produits	– Concentration des compétences sur le produit et ses spécificités – Coordination marketing-ventes-production-recherche	– Doubles emplois – Non respect de la division du travail
Marché diversifié	– Favorable à la décentralisation des responsabilités	– Esprit de clocher, concurrence interne
Technologies différenciées	– Désengorgement de la direction générale – Orientation DG sur stratégie à moyen terme (en principe)	– Risque d'incohérence d'image – Rigidité dans la gestion des carrières inter-divisions
Taille assez importante	– Visibilité des résultats – Motivation des hommes – Favorable à l'innovation au sein des divisions	– Comment est prise en compte l'innovation hors produits-marchés existants ?
	Conditions de bon fonctionnement : – Nécessité d'une vision à moyen terme – Arbitrage nécessaire de la DG si conflits – Présence de bons gestionnaires (polyvalents) – Adaptation du système de contrôle de gestion	

ayant un début et une fin (un projet informatique, un chantier, un modèle...).

Le personnage-clé de cette structure est bien sûr le chef (ou directeur) du projet, qui a la charge de coordonner les interventions des différents services tout au long de la vie du projet (de sa conception jusqu'à la remise des « clés » au client...). On en trouve un bon exemple dans les responsabilités de programme chez les constructeurs aéronautiques.

1.4. La structure matricielle

Jusqu'à présent, les structures évoquées s'ordonnaient autour d'un mode principal de division des activités (la fonction, le produit, le projet). La structure matricielle consiste à combiner deux modes simultanément, ce qui revient à créer deux hiérarchies.

Il pourra s'agir par exemple du produit et de la zone géographique, dans une entreprise multiproduit. Chaque responsable local d'un produit doit rendre des comptes au directeur de la division produit correspondante (qui veillera à l'application des politiques globales et servira de conseil technique par exemple) et au directeur de la

TABLEAU 4

Les structures par projet/programme

Type d'entreprise adapté	**Avantages**	**Inconvénients**
Opérations discontinues lourdes	– Coordination inter-fonctions – Facilite la synthèse des informations	– Complexité des communications – Risque de conflits
Technologie évoluée ou services	– Facilite le contrôle d'avancement du projet – Favorise l'adaptation du produit (ou service) au client	– Décalage responsabilité-autorité – Postes temporaires
	Conditions de bon fonctionnement : – Clarté de la structure – Plans, programmes, « contrats » – Système d'information adapté – Capacités personnelles pour la fonction projet	

TABLEAU 5

Les structures matricielles

Type d'entreprise adapté	Avantages	Inconvénients
Pluri-produits	– Rapidité réponse à l'environnement	– Nombreuses communications → coût
Environnement mouvant	– Favorise l'innovation	– Négociation permanente
Technologie avancée	– Suppression des cloisonnements internes	– Recherche d'équilibre du pouvoir
Mentalité ouverte climat humain bon	– Information plus complète pour la DG – Pleine utilisation des compétences	– Pression importante sur les individus

zone géographique où il se trouve (« Europe » par exemple, qui veillera à la coordination des politiques en Europe et à leur adaptation aux réalités continentales).

Cette structure contrevient à l'un des principes sacro-saints de l'organisation classique, selon laquelle chacun ne doit avoir qu'un seul chef.

Cette typologie – très réductrice – permet un repérage rapide des grandes lignes de partage des responsabilités. Elle laisse dans l'ombre des éléments d'analyse importants. La typologie de H. Mintzberg apporte un complément intéressant.

2. La typologie des configurations structurelles

H. Mintzberg [1] distingue dans une entreprise, quelle qu'en soit la structure, cinq éléments de base.

1. *The Structuring of organizations*, Prentice Hall, 1979, traduit sous le titre : *Structure et dynamique des organisations*, Paris, Éditions d'organisation, 1982.

SCHÉMA 1

Les cinq éléments de base d'une structure

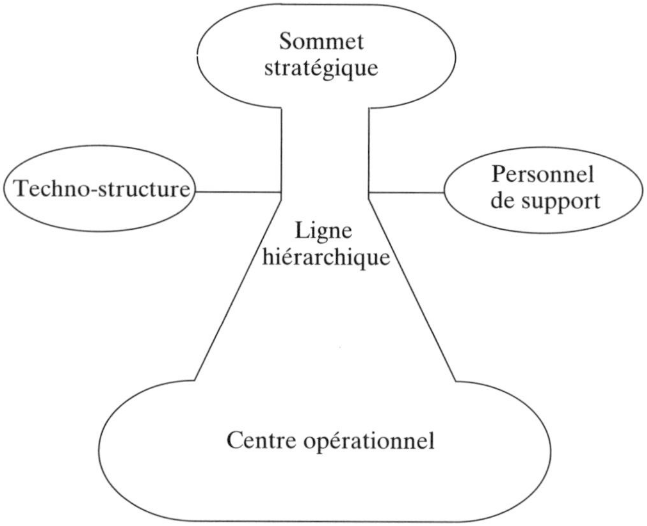

Ces cinq éléments sont :

– *le centre opérationnel* : les opérateurs dont le travail est directement lié à la production des biens et des services de l'organisation ;

– *le sommet stratégique* : sa mission est de faire en sorte que l'organisation atteigne les objectifs de façon efficace et qu'elle serve les besoins de ceux qui la contrôlent ;

– *la ligne hiérarchique* : l'ensemble des responsables assurant le relais entre sommet stratégique et centre opérationnel ;

– *la technostructure* : les analystes et experts qui contribuent à l'organisation en agissant sur le travail des autres. Il s'agit de ceux qui conçoivent les procédés de travail, planifient et contrôlent les opérations, déterminent les qualifications nécessaires, etc. ;

– *les personnels de support logistique* : les personnels qui fournissent des services indirects, depuis le service du courrier jusqu'aux relations publiques et aux services juridiques.

Il y a là un vocabulaire utile permettant de retrouver, au-delà de la diversité des entreprises, des éléments permanents des formes structurelles.

H. Mintzberg différencie les structures, non pas selon leur mode principal de découpage, mais selon leur mode principal de coordination.

Cette coordination peut se réaliser, selon lui, selon cinq procédés :

– *l'ajustement mutuel* : le travail est coordonné par le simple recours à un processus informel de communication entre les opérateurs ;

– *la supervision directe* : une personne prend la responsabilité du travail des autres et en assure la coordination en fournissant des instructions ;

– *la standardisation des procédés de travail* : la coordination est incorporée au programme de travail par spécification précise ou programmation du contenu des tâches elles-mêmes ;

– *la standardisation des résultats ou des outputs* : la coordination est assurée par la normalisation de la production ;

– *la standardisation des qualifications* : la coordination se fait indirectement par la normalisation des compétences des opérateurs, c'est-à-dire par la spécification de la formation requise pour exécuter la tâche.

H. Mintzberg distingue :

– *la structure simple* : c'est une structure non élaborée. Elle se limite à une unité composée d'un dirigeant et d'un groupe de salariés exécutant le travail. La partie-clé de l'organisation est le sommet stratégique qui assure la coordination par supervision directe. C'est la configuration type des entreprises jeunes et petites (PME) ;

– *la bureaucratie mécaniste* : cette forme d'organisation repose essentiellement sur la standardisation des procédés de travail opérationnel. Un grand nombre de règles, de procédures et de communications formalisées régulent le fonctionnement d'unités de grande taille dont les tâches sont routinières, très spécialisées et regroupées selon un mode fonctionnel. Les pouvoirs de décision sont relativement centralisés, la structure administrative élaborée, et une distinction nette entre opérationnels et fonctionnels est établie ;

– *la bureaucratie professionnelle* : la bureaucratie professionnelle s'appuie sur la standardisation des qualifications, la formation et la socialisation. Elle recrute des spécialistes dûment formés pour son centre opérationnel et leur laisse une grande latitude dans le contrôle de leur propre travail ;

TABLEAU 6

Les cinq configurations de Mintzberg

	Structure simple	Bureaucratie mécaniste	Bureaucratie professionnelle	Forme décomposée en divisions	Adhocratie
Principaux moyens de coordination	Commandement direct	Normalisation du travail	Normalisation des compétences	Normalisation des résultats	Ajustement réciproque
Élément-clé de l'organisation	Sommet stratégique	Technostructure	Centre opérationnel	Élément médian	Personnel fonctionnel (avec centre opérationnel dans une adhocratie d'exploitation)
Éléments structurels					
Spécialisation des tâches	Peu de spécialisation	Forte spécialisation horizontale et verticale	Forte spécialisation horizontale	Spécialisation horizontale et verticale moyenne (entre divisions et siège social)	Forte spécialisation horizontale
Formation et éducation	Faible formation et éducation	Faible formation et éducation	Faible formation et éducation	Formation et éducation moyennes (des responsables des divisions)	Forte formation
Formalisation du comportement (bureaucratique/organique)	Faible formalisation organique	Forte formalisation bureaucratique	Faible formalisation bureaucratique	Forte formalisation (au sein des divisions) bureaucratique	Faible formalisation organique
Regroupement	Généralement fonctionnel	Généralement fonctionnel	Fonctionnel et selon le marché	Marché	Fonctionnel et selon le marché
Taille des unités	Grande	Grande à la base, étroite ailleurs	Grande à la base, étroite ailleurs	Grande au sommet	Étroite partout
Système de planification et de contrôle	Peu de planification et de contrôle	Planification des actions	Peu de planification et de contrôle	Important contrôle des performances	Planification limitée des actions (surtout dans une adhocratie administrative)

TABLEAU 6 (suite)

	Structure simple	Bureaucratie mécaniste	Bureaucratie professionnelle	Forme décomposée en divisions	Adhocratie
Procédés de liaison	Peu de dispositifs de liaison	Peu de dispositif de liaison	Dispositifs de liaison dans l'administration	Peu de dispositifs de liaison	De nombreux dispositifs de liaison partout
Décentralisation	Centralisation	Décentralisation horizontale limitée	Décentralisation horizontale et verticale	Décentralisation verticale limitée	Décentralisation sélective
Éléments d'environnement (a)					
Ancienneté et taille	Généralement jeune et petite	Généralement ancienne et grande	Variables	Généralement ancienne et très grande	Généralement jeune (adhocratie d'exploitation)
Système technique	Simple, pas directif	Directif, mais pas automatisé, pas très complexe	Pas directif ni complexe	Divisible, sinon identique à bureaucratie industrielle	Très complexe, souvent automatisé (dans une adhocratie administrative) non directif ou complexe (dans une adhocratie d'exploitation)
Environnement	Simple et dynamique parfois hostile	Simple et stable	Complexe et stable	Relativement simple et stable, marchés diversifiés (notamment produits et services)	Complexe et dynamique, parfois disparate (dans une adhocratie administrative)
Pouvoir	Entre les mains du chef d'entreprise, généralement dirigé par son propriétaire : ne suit pas la mode	Contrôle technocratique et extérieur : ne suit pas la mode	Contrôle de la part des professionnels, suit la mode	Contrôle exercé par les cadres moyens : suit la mode (notamment dans l'industrie)	Contrôle exercé par les experts : suit beaucoup la mode

(a) Nous y reviendrons dans le chapitre III.

– *la structure divisionnelle* : comme on l'a vu plus haut, la structure divisionnelle est constituée d'unités définies sur la base des produits ou des marchés. La direction délègue à chaque division les pouvoirs nécessaires à la prise de décision concernant ses propres opérations ;

– *l'adhocratie* : ce vocable désigne une configuration à la fois très complexe et non normalisée. Il s'agit d'une structure extrêmement fluide où le pouvoir passe constamment d'un individu à l'autre et où la coordination et le contrôle se font par adaptation mutuelle et interaction d'experts compétents, au moyen de communications informelles.

L'auteur a ensuite légèrement modifié sa typologie :

• l'adhocratie est appelée aussi « l'organisation innovatrice »,

• il ajoute deux autres configurations :

– l'organisation « missionnaire », centrée sur l'idéologie de l'entreprise, et dont le mécanisme de coordination est la standardisation des normes (« on tire ensemble et dans le même sens ») ;

– l'organisation « politique », centrée sur les conflits de pouvoir, qui peut être un « vernis » sur les autres configurations, ou bien être une configuration en elle-même.

Bien entendu, on peut reprocher à cette typologie, comme à toutes les autres, de donner une représentation figée de la réalité. On doit la prendre comme une clé de lecture utile pour retrouver, dans l'extrême variété du monde des entreprises, des formes assez simples et des mécanismes fondamentaux. Les limites essentielles de ce travail tiennent à deux séries de questions.

– *Comment ces formes ont-elles émergé ?* L'auteur nous décrit des formes mais nous dit peu de choses sur leur mode de construction. Ces formes ne sont pas des données naturelles, des structures biologiques : quel est le rôle de l'histoire, quels processus collectifs ont permis d'y parvenir ?

– *Comment dans chaque configuration ces éléments tiennent-ils ensemble ?* On a l'impression là encore que c'est « naturel ». Quelle place est faite dans l'analyse aux éventuels conflits, en même temps qu'aux processus permanents de coopération qui font vivre ces structures au quotidien ? Dans cette description, où sont les individus, leurs intérêts, leur appartenance à des groupes, leur dynamique ? N'est-ce pas la description d'un « système », mais sans « acteurs » ? [1]

3. L'analyse des structures de relations

Ce type d'analyse, d'inspiration psychosociologique ou sociologique, se veut une plongée « en dessous » des aspects formels, de manière à rendre compte du fonctionnement réel des organisations.

En effet, l'expérience quotidienne montre que l'étude des niveaux hiérarchiques définis, des relations officielles entre unités, des formes standard de coordination ne renseigne que très partiellement sur ce qui se passe quotidiennement dans une organisation. Il y a, en dehors de ces structures, un « management clandestin » (M. Moulet [2]) qu'il importe d'analyser.

L'organisation n'est aucunement l'univers cohérent et réglé qui nous est suggéré par l'image mécanique ou biologique. Dans une image davantage politique, elle est au contraire (selon M. Crozier et E. Friedberg notamment) un champ de forces dans lequel coexistent (et rivalisent) des compétences, des attitudes, des objectifs qu'il faut faire coopérer. Elle n'est donc jamais une donnée, un fait contraint qui serait le fruit de déterminations « objectives » (la technologie, l'environnement économique...). Même si ce qui apparaît en premier lieu dans une organisation, ce sont les règles et les procédures, celles-ci n'éliminent jamais les échanges, les relations entre les membres, les alliances et les accords qu'ils y nouent (ou au contraire les conflits qui les opposent).

Pour reprendre l'analyse du chapitre I des formes de l'action organisée (page 7), où nous avons comparé organisation et marché, on peut dire avec M. Moulet que ce qui est apparent pour l'un est caché pour l'autre.

Par conséquent, il importe de comprendre la structure de ces relations. Dans cette optique, les auteurs ne nous proposent pas des typologies de structures, mais

1. Cet argument est développé dans le chapitre 1 du livre : *Les nouvelles approches sociologiques des organisations*, H. Amblard, Ph. Bernoux, G. Herreros, Y. Livian, Seuil, 2005, 2e éd.

2. M. Moulet, *Le Management clandestin*, Paris, InterÉditions, 1992.

TABLEAU 7

Le marché et l'entreprise

	Apparent	**Profond**
Marché	Négociation Échange Contrat	Règles et procédures détaillées mais non formalisées
Entreprise	Règles et procédures détaillées et formalisées	Négociation Échange Contrat

plutôt des moyens pour dessiner la carte de ces relations « cachées ».

– En commençant par le niveau le plus « micro », certains sociologues se concentrent sur les interactions au sein des groupes, et essaient de retracer, au travers de l'étude des mots, des signes, des formes de communication, échangés par les individus, les dynamiques relationnelles qui y sont présentes (par exemple : compétition, conflits, identification, théâtralisation).

– La psychosociologie s'intéresse aussi à la densité et à la nature des relations, de toutes natures, reliant les membres entre eux et les groupes entre eux. En les repérant, et en les mesurant (c'est ce que proposait la sociométrie [1]), on obtient une représentation des liens existant au sein de l'organisation (« sociogramme » ou graphique proche), qu'il peut être intéressant de comparer avec ce qui est prévu par la structure formelle !

– Cette même approche étudie aussi la qualité de ces relations (relations d'entente, relations tendues...). On peut en déduire une analyse des rapports affectifs au sein de l'entreprise (on retrouve l'image de l'organisation comme lieu de psychisme), qui contribue à expliquer le niveau d'efficacité de l'entreprise et le degré de plaisir que ses salariés ont d'y travailler. En poursuivant dans cette voie, on peut détecter des structures récurrentes de tensions ou de conflits, en mobilisant certaines des notions utilisées en psychanalyse. Ainsi aboutit-on à une étude de la « pathologie de l'entreprise », déjà ini-

1. Elle consiste à mesurer les relations interpersonnelles au sein des groupes (qui travaille avec qui, qui souhaite collaborer avec qui...).

tiée dans les années 70, mais qui s'est développée dans les années 80 [1].

– Enfin, la sociologie des organisations considère que ces éventuelles tensions et, plus généralement, ces « situations qui font problème », sont révélatrices d'une incertitude dans l'organisation, autour de laquelle les individus tentent de se définir (nous expliquerons cette analyse dans le chapitre V).

L'étude de ces relations permet parfois de dessiner des configurations d'un autre type, qui sont des formes provisoirement stabilisées des rapports entre les membres de l'organisation. Selon M. Moulet, par exemple, on en retrouve trois principales :

– Les « pôles », qui sont autant de « forteresses » au sein de l'entreprise : un service important, au sein duquel travaille un groupe professionnel à forte identité, et qui occupe toute sa place, (par exemple, dans certaines entreprises : le Service Entretien, la Direction Informatique...).

– Les « coalitions », groupes plus hétérogènes mais réunis pour défendre en commun certains intérêts (par exemple : la coalition des vendeurs et des hommes de production, pour s'opposer au lancement d'un nouveau produit...).

– Les « filières » ou réseaux, chaînes de relations associant des fonctions voire des niveaux hiérarchiques différents ayant en commun une activité ou un type de préoccupation dans l'entreprise (par exemple : la filière « industrialisation », qui réunit des chercheurs, des techniciens d'atelier, des experts des méthodes, pour la mise au point d'un nouveau modèle).

Ces analyses sont empiriques et prétendent le rester, car, au contraire des typologies de structures formelles, elles partent de l'hypothèse que chaque cas est spécifique et, par conséquent, qu'il faut aller le regarder de près sans avoir de schéma préconçu.

On voit donc que les trois niveaux d'analyse des structures éclairent l'organisation sous des jours différents. Aucun ne se suffit à lui-même. Les trois types de réalité mis en évidence peuvent coïncider. Par exemple,

1. Par exemple, avec les travaux d'E. Enriquez et de M. Kets de Vries, professeur à l'INSEAD et psychanalyste.

dans une « bureaucratie mécaniste », on pourra voir que certains services de contrôle occupent une place significative dans l'organigramme, et sont de fait des « pôles ». Ou bien, on pourra observer que la structure par division, au-delà de ses caractéristiques formelles, induit un certain type de « jeu » entre les individus ou les groupes (par exemple, le « chacun pour soi » lié à l'autonomie et au jugement sur les performances). On a par ailleurs, remarqué que les structures (organigrammes) et les configurations se recoupent largement. Mais on rencontrera souvent aussi des situations où les trois niveaux, et surtout le troisième par rapport aux deux premiers, apportent des éléments distincts d'information laissant ainsi entrevoir des problèmes fondamentaux de fonctionnement qui pourront ensuite être traités.

La difficulté réside surtout dans la capacité à mettre à jour et à reconnaître ces différences. Le premier niveau correspond au discours officiel de la direction, qui a mis en place la structure. Elle en parlera donc volontiers.

Le troisième, au contraire, est rarement perceptible du sommet et n'est, en tout cas, analysable qu'au contact des individus eux-mêmes. Or ceux-ci peuvent être réticents à expliquer les usages qui se sont créés, les processus non officiels qu'ils utilisent et les manières également non orthodoxes qu'ils ont de gérer les problèmes quotidiens...

Le langage du formel est principalement celui des dirigeants, c'est ce qui explique qu'il occupe le plus de place dans les théories du management. Une analyse de l'organisation, si elle se veut utile, doit être élargie à celle du comportement de tous les individus qui y travaillent. C'est ce que nous étudierons dans le chapitre V. Mais avant, il nous faut examiner les relations entre l'organisation et son environnement.

CHAPITRE III

Les relations entre l'organisation et son environnement

Les organisations sont influencées par leur environnement. Un tel constat a été le point de départ de très nombreuses recherches, dont certaines ont eu l'ambition de créer une véritable science des organisations, établissant des lois reliant un état de l'environnement donné avec une caractéristique précise de l'organisation.

Nous examinerons successivement les six principaux facteurs de l'environnement qui sont présentés comme exerçant une influence sur les organisations, dans une approche qu'on appelle habituellement « contingente » : la taille, le mode de contrôle exercé sur l'entreprise, la technique, la nature de l'environnement (principalement économique), la culture dans laquelle elle se trouve, la stratégie de l'entreprise. Au-delà de cette contingence des organisations, d'autres recherches établissent un parallèle biologique et considèrent que les organisations, comme les espèces, vivent, croissent et meurent selon certaines lois.

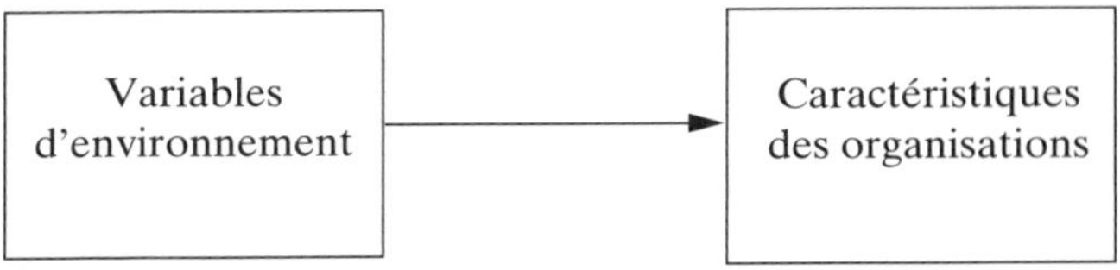

La volonté de la plupart de ces recherches est de mesurer cette influence, d'où l'utilisation de méthodes quantitatives. Ainsi, on va chercher à mesurer un certain nombre de dimensions des organisations. Les principales

Les cinq dimensions d'une organisation selon Aston

– Le degré de spécialisation de la structure (dans quelle mesure les tâches sont-elles divisées ?).

– Le degré de standardisation (dans quelle mesure existe-t-il des procédures pour définir ces tâches ?).

– Le degré de formalisation (existe-t-il des documents écrits décrivant ces procédures ?).

– Le degré de centralisation (à quel niveau se prennent différents types de décision ?).

– La « configuration » (nombre de niveaux hiérarchiques et taille de l'éventail hiérarchique).

recherches sont mises au point par le groupe d'Aston [1], qui élabore des instruments d'évaluation (questionnaires).

1. La taille

La plupart des recherches ont montré que la croissance d'une organisation a un effet au moins dans une première période sur sa complexité administrative (augmentation du nombre d'unités différentes, accroissement du volume des activités de planification et de contrôle) [2]. Ceci se traduit par un accroissement du taux d'encadrement administratif :

$$\frac{\text{Quantité de personnel administratif}}{\text{Quantité totale de personnel}}$$

Mais en économie de marché, l'entreprise réagit dans un second temps par la recherche d'économies d'échelle. Le développement de la petite entreprise est un exemple de ces effets de complexification, puis éventuellement de simplification.

2. Le mode d'appropriation et de contrôle

Le degré de dépendance d'une organisation à l'égard de ses propriétaires ou de ses organismes de tutelle influe sur son degré de centralisation. Si l'organisation

---

1. Groupe de chercheurs britanniques, ayant mené d'importantes recherches quantitatives sur le sujet, dans les années 80.

2. Cf. la notion de « bureaucratisation », chapitre I.

est très dépendante, sa direction devra rendre des comptes plus détaillés, et par conséquent aura tendance elle-même à concentrer les décisions, ainsi qu'à utiliser des procédures précises de contrôle.

3. La technique

L'étude de cette variable a donné lieu à des travaux considérables.

3.1. L'influence des types de production

Le travail pionnier est celui de J. Woodward (1916-1971), pour qui les entreprises ayant des systèmes de production semblables ont globalement des structures et des modes d'organisation semblables. L'intérêt de sa recherche (1958) est d'abord de fournir une typologie des systèmes de production, devenue classique, puis d'énumérer les caractéristiques organisationnelles spécifiques (moyennes) de chaque type.

Les types de systèmes de production sont :

– la production unitaire ou de petite série (exemple : mécanique),

– la grande série (exemple : automobile),

– le processus continu (exemple : chimie).

Les entreprises de production unitaire sont plus souples, on y communique de manière plus informelle. La grande série est plus hiérarchisée et rigide. Le processus continu développe un taux d'encadrement plus élevé que les deux autres et la structure y est plus souple.

Il n'y a donc pas, selon elle, de « meilleure organisation » en général, mais plutôt des organisations dépendantes des systèmes techniques, les organisations les plus performantes étant celles qui se rapprochent le plus des caractéristiques de leur catégorie technologique.

L'interprétation des résultats a fait l'objet de nombreux débats. Retenons qu'il y a dans cette typologie une échelle croissante de degré de régulation et de complexité des systèmes techniques (de la fabrication unitaire pour un client à la production par processus continu), entraînant des effets sur le taux d'encadrement, la qualification du personnel et le type d'interactions existant dans l'entreprise. Cette typologie souligne également que l'organisation dans la production de masse a les caractéristiques de la bureaucratie et fait comprendre à nouveau pourquoi ce secteur industriel a été le terrain de prédilection de l'OST.

3.2. L'influence de l'automatisation et de l'informatisation

Plus récemment, on a beaucoup étudié les effets de l'automatisation non seulement sur les caractéristiques organisationnelles, mais aussi sur la qualification et l'emploi des salariés. On ne citera que deux exemples :

• L'introduction des machines-outils à commande numérique, et des automates programmables dans l'industrie a eu des effets considérables sur la division des tâches et le type de postes attribué aux opérateurs. Nous avons nous-même souvent observé que :

– le contenu des tâches de l'opérateur (surveillance davantage qu'action, perte de technicité dans son métier de base) se transforme ;

– l'encadrement intermédiaire voit son rôle évoluer (moins de problèmes de charges, d'accidents ; davantage d'aléas techniques pour lesquels il n'est pas souvent formé) et dans certains cas disparaître (suppression de niveaux hiérarchiques) ;

– les services techniques, souvent chargés de l'achat et de la programmation des machines, se renforcent ;

– les préoccupations commerciales s'introduisent dans le monde de la production (flexibilité) et nécessitent une plus grande coordination entre les fonctions, voire un fonctionnement par projet (cf. chapitre VI).

• Dans le secteur tertiaire, le développement de l'informatisation a conduit à plus de polyvalence des salariés, plus d'interdépendance entre unités, à moins de niveaux hiérarchiques.

Globalement, l'influence de la variable technique soulève deux questions.

La première, d'actualité, est celle du caractère positif ou négatif des conséquences qu'elle peut avoir sur la situation des membres de l'organisation. Va-t-on vers des emplois plus riches, des hiérarchies plus souples, ou bien vers une déqualification, voire une exclusion de nombreux salariés ?

Derrière cette question, se pose le problème essentiel du point de vue de la gestion d'entreprise : peut-on conduire ces changements techniques d'une manière telle qu'elle optimise non seulement les performances techniques mais aussi les aspects sociaux du travail ?

Ceci conduit à la seconde question, qui est celle du « déterminisme technologique ». De nombreuses recherches considèrent la technique comme conditionnant de manière étroite l'organisation. Or, quand on compare un pays à un autre, il est possible de montrer qu'à technologie identique les solutions organisationnelles varient. Il faut donc rejeter l'idée d'une causalité directe, linéaire, entre technique et organisation. Il faut noter au passage que l'idée d'un « déterminisme technologique » n'est peut-être pas tout à fait neutre, puisqu'elle autorise à considérer comme « inéluctables » les conséquences sur le personnel de certaines décisions prises par des directions (on ne pouvait pas faire autrement, c'est la technique qui veut cela !). Les systèmes techniques, articulés à d'autres facteurs (d'ordre économique, social, culturel), créent certes des conditions particulières à l'action organisée : ils ne suppriment pas tout degré de liberté.

4. La nature de l'environnement

Quatre caractéristiques de l'environnement global de l'entreprise sont utilisées : elles se recoupent pour partie mais ont fait l'objet d'études distinctes.

– L'« hostilité » de l'environnement se définit par rapport à la vivacité de la concurrence, la rareté des ressources disponibles, l'importance de facteurs politiques, l'existence de risques forts (exemple : aéronautique, armement, pétrole...). On a souvent constaté que, dans ce type d'environnement, les organisations ont tendance à être centralisées et formalisées.

– L'« hétérogénéité » de l'environnement se mesure au nombre et à la variété des clients, des produits, des marchés auxquels l'entreprise s'adresse.

– La « complexité » de l'environnement se définit soit par rapport à la sophistication des connaissances nécessaires pour y réussir (les secteurs de haute technologie auraient de ce fait des organisations plus diversifiées, avec un nombre d'experts plus nombreux), soit par rapport au nombre et à la complexité des interactions entre les partenaires qui s'y trouvent (on aurait alors des organisations plus souples, plus mouvantes, plus capables de prendre des risques, mais aussi plus conflictuelles).

– La dernière, la « stabilité », a fait l'objet des recherches les plus connues. T. Burns et G.M. Stalker ont proposé (1966), sur la base d'une étude empirique, de distinguer les organisations « mécaniques » adaptées à des environnements stables, des organisations « organiques » adaptées à des environnements instables.

On voit que les organisations « mécaniques » évoquent la bureaucratie... Ce qui est intéressant, c'est de voir ce qui se passe quand un environnement se déstabilise, et requiert par conséquent un changement profond de l'organisation. Les auteurs observent que les organisations « mécaniques » commencent par faire remonter les nouveaux problèmes aux niveaux supérieurs, ce qui provoque engorgement et retard. Elles créent des services nouveaux, chargés de gérer les nouveaux problèmes, ce qui risque d'être rapidement insuffisant, car la structure fondamentale ne change pas pour autant... On a presque là les difficultés du changement bureaucratique décrit par M. Crozier. Seule une crise permettra le

TABLEAU 1

Les deux types d'organisation (Burns et Stalker)

Critères	**Environnement stable « mécaniques »**	**Environnement instable « organiques »**
Spécialisation	Forte	Faible
Standardisation	Forte	Faible
Résolution des conflits	Hiérarchique	Interaction
Autorité	Hiérarchique contractuelle	Engagement commun
Lieu de décisions	Au sommet	Là où il y a la compétence
Contenu de la communication	Directives	Informations, conseils
Prestige	Lié au statut social	Lié à la contribution personnelle
Loyauté	À l'organisation	Au groupe, au projet

changement en profondeur, à moins qu'une stratégie délibérée ne soit menée par un dirigeant légitime.

J. Lorsch et P. Lawrence (1967) cherchent à démontrer que le degré d'instabilité de l'environnement (scientifique, techno-économique et commercial) joue un rôle important. Ils étudient donc, dans trois secteurs d'activité, la relation entre l'instabilité de l'environnement et la structure interne de l'entreprise. Ils utilisent deux concepts devenus classiques :

– la « différenciation » de l'organisation, qui est le degré de différence de comportements et de fonctionnement qu'elle va adopter en son sein pour répondre aux demandes de son environnement. Leur analyse montre que plus l'environnement est instable, plus l'entreprise se différencie ;

– l'« intégration » (ou coordination), qui est le processus destiné à instaurer une unité d'efforts entre les différentes attitudes existant au sein de l'entreprise, et entre les différentes unités. Plus les unités seront différenciées, pour satisfaire leurs environnements, plus il y aura besoin d'intégration. En d'autres termes, l'entreprise devra trouver les solutions d'intégration adaptées à son degré de différenciation (contacts directs horizontaux, comités, fonctions de liaison et coordination...). Par contre, les organisations situées en environnement stable sont faiblement différenciées.

On voit la parenté avec la distinction précédente : les organisations « organiques » plus différenciées, plus souples, moins formalisées, moins hiérarchiques, et les organisations « mécaniques », moins différenciées, plus formalisées, plus verticales.

Au-delà de cette confirmation, les travaux de Lorsch et Lawrence ont ouvert non seulement des pistes de recherches, mais aussi des orientations d'actions directement utiles au gestionnaire. Signalons-en trois :

– La reconnaissance des différences non seulement acceptables, mais souhaitables, de comportements, d'attitudes, de modes de fonctionnement entre unités ou fonctions ayant à affronter des types d'environnement différents (exemple : Recherche, Production, Ventes ou bien divisions Produits placées dans des contextes concurrentiels différents).

– L'importance accordée aux processus d'intégration : on verra dans le chapitre VI qu'il y a là une ligne de force des années 90. Une réflexion s'impose donc sur les moyens d'intégration : quels mécanismes mettre en place ? Quelles fonctions d'« intégrations » créer ? Les fonctions de chef de projet, les structures matricielles correspondent largement à ce besoin. On notera qu'est absente de l'analyse de Lorsch et Lawrence l'intégration culturelle et symbolique, fortement utilisée par la suite.

– La reconnaissance du fait que les modes d'intégration ne se font pas de la même manière selon les secteurs. Dans chaque secteur, l'intégration peut s'articuler autour d'une fonction essentielle : dans le secteur des plastiques par exemple, fortement instable et où l'innovation technique est décisive, l'intégration se fait autour de la fonction Recherche et Développement [1].

Selon les auteurs, les entreprises auraient des résultats d'autant meilleurs qu'elles savent assurer cette intégration autour de la fonction primordiale.

5. Le contexte culturel

Oublié par les premières analyses « contingentes », le contexte culturel a retenu de plus en plus l'attention, à partir de l'émergence de l'approche anthropologique de l'organisation et au fur et à mesure que les comparaisons internationales se développaient.

Dans la lignée des travaux quantitatifs du type de ceux d'Aston [2], la thèse d'un universalisme des structures d'entreprises à niveau d'industrialisation comparable s'était imposée dans les années 70. Les recherches montraient le peu de différences des résultats dans les divers pays développés d'Europe ou entre l'Europe et les États-Unis…

Cette thèse de l'universalité est aujourd'hui largement abandonnée. On a pu montrer que cette « indifférence » culturelle des résultats obtenus était largement liée à la méthodologie utilisée. Surtout, d'autres études ont pu montrer à l'inverse que les modes d'organisation étaient fortement influencés par les caractéristiques cul-

1. Il est intéressant de noter la parenté de cette analyse avec le raisonnement sur les « zones d'incertitude » de l'organisation et le pouvoir qu'elle donne à ceux qui ont à les gérer (cf. chapitre V).

2. Cf. *supra* p. 42.

TABLEAU 2

Différents moyens d'« intégration » d'une structure

– **Par les règles et la hiérarchie : formalisation des règles et des procédures de discipline, récompenses-sanctions.**
– **Par la dominance d'une activité ou fonction.**
– **Par des organes ou fonctions d'intégration spécifiques : comités de coordination, chefs de projet, « matrices »...**
– **Par la culture d'entreprise : forte identification aux buts de l'organisation, intériorisation des normes et valeurs...**

turelles des groupes sociaux et surtout des pays dans lesquels ils étaient mis en œuvre.

On insiste aujourd'hui sur les différences internationales (et au contraire on cherche à tirer le maximum d'enseignements des comparaisons possibles, par exemple entre le Japon, les États-Unis et les pays de l'Union Européenne). Et le débat porte sur les processus qui expliquent ces différences. Deux thèses s'affrontent, l'une que nous appellerons pour simplifier « culturaliste », l'autre « institutionnaliste ».

• *La thèse « culturaliste »* explique les différences de modes d'organisation par les valeurs partagées à un moment dans une société donnée.

Une illustration peut en être donnée en France par les travaux de P. d'Iribarne (1988) qui étudie le fonctionnement de trois usines de même technologie, et appartenant au même groupe (on voit donc la volonté de neutraliser les effets d'autres variables de contingence) aux Pays-Bas, aux États-Unis et en France. Les différences sont considérables. Par exemple, aux États-Unis, des règlements précis sont appliqués, alors qu'en France beaucoup de problèmes se règlent par des discussions informelles. Les définitions de fonctions et d'objectifs sont également précises, et l'intéressé s'attend à ce que l'organisation soit claire sur ce qu'elle exige de lui. En France, chacun obéit plutôt à l'idée qu'il se fait de ses droits et devoirs, en fonction du groupe professionnel auquel il appartient (« en tant que contremaître..., je dois faire ceci mais pas cela »). Les relations hiérarchiques sont en France froides et distantes ; aux Pays-Bas les subordonnés attendent une concertation réelle avec leurs chefs et sont prêts à la contestation si celle-ci n'est pas réalisée ; aux États-Unis les relations sont plus chaleureuses, à condition que le « contrat » soit rempli. P. d'Iribarne explique ces différences par l'Histoire, et, pour le cas de la France, par la persistance de la distance sociale entre les groupes sociaux et de la structuration en « corps » ou « états » (comme dans l'Ancien Régime).

• *La thèse « institutionnaliste »* rejette l'idée que des valeurs, aux origines d'ailleurs confuses, influencent directement les comportements dans les organisations. Elle souligne au contraire que l'entreprise est située dans une société, ayant une certaine structure elle-même, et qu'il importe plutôt d'analyser « l'effet sociétal » c'est-à-dire l'influence que la société exerce sur l'entreprise (Maurice, Sellier, Silvestre, 1982). Sur la base, au départ, d'une comparaison France-Allemagne, élargie ensuite au Japon, ces auteurs mettent en évidence l'influence de trois facteurs, trois « rapports », sur les modes d'organisation et de fonctionnement des entreprises.

– Le « rapport éducatif » est défini par la structure du système éducatif. Par exemple, la traditionnelle faiblesse de l'enseignement technique français explique la qualification limitée des ouvriers et agents de maîtrise par rapport à leurs homologues allemands.

– Le « rapport organisationnel » est le produit des hiérarchies existant dans la société, de l'existence de statuts différenciés (par exemple le statut de Cadre en France, qui n'a pas d'exact équivalent ailleurs).

SCHÉMA 1

Les trois composantes de l'« effet sociétal »

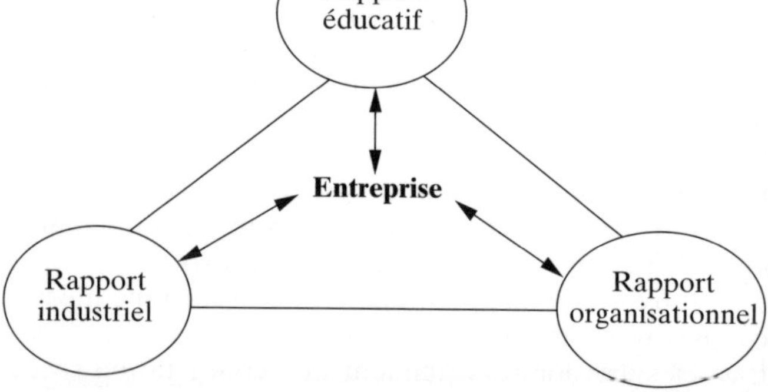

– Le « rapport industriel » est défini par le type de relations collectives existant entre patronat, syndicats et pouvoirs publics dans chaque pays (par exemple, tradition de négociation voire de collaboration en Allemagne ou en Scandinavie, tradition de méfiance en France).

Ces trois rapports forment un tout dans chaque pays, et influent sur le fonctionnement de l'entreprise. C'est cette relation entreprise-société, celle-ci agissant par l'intermédiaire de ses institutions et de ses structures sociales, qui différencie les modes d'organisation des entreprises, et non pas les valeurs auxquelles croient les individus.

6. L'influence de la stratégie

On peut aussi dire que l'environnement n'a d'influence sur l'organisation que par rapport à la stratégie de celle-ci. Ce sont les changements de la stratégie de l'entreprise, eux-mêmes influencés par l'évolution de l'environnement, qui ont un effet sur les structures : telle est la thèse résultant des travaux ayant porté sur l'apparition de certaines structures, et notamment les recherches d'historiens comme A. Chandler (1962) concernant les structures divisionnelles.

Ces changements de structures ne sont pas automatiques : l'histoire des grands groupes industriels américains au début du 20e siècle montre que les directeurs essaient d'abord de gérer le nouvel environnement avec l'ancienne structure, ensuite seulement se rallient au changement devant les mauvais résultats obtenus. Encore faut-il souvent qu'une nouvelle génération de dirigeants succède aux anciens.

Plus récemment s'est développée l'idée qu'à son tour la structure influençait la stratégie. La structure, en effet, conditionne les flux d'information, qui peuvent influencer les choix stratégiques. Elle fixe des positions de pouvoir, et est le lieu de conflits ou de coalitions, qui peuvent être favorables ou non à telle ou telle politique (de concentration, de diversification, d'internationalisation etc.). La structure canalise la prise de décision : les choix de structure sont en partie également des choix de stratégies (par exemple : une structure très décentralisée orientera vers une stratégie d'innovation et de diversification au profit des unités décentralisées, il est fort peu vraisemblable qu'elle permette une forte concentration des moyens sur un petit nombre de marchés).

En fait, stratégie et structure sont en inter-relation étroite. Du point de vue de l'analyse, on retiendra du débat la recherche d'une nécessaire adéquation entre les deux éléments et le fait que la conception de la structure doit être reliée aux stratégies recherchées (en d'autres termes : quelle structure peut favoriser l'émergence et surtout la mise en œuvre des stratégies correspondant à la vision que les dirigeants ont de leur l'environnement ?).

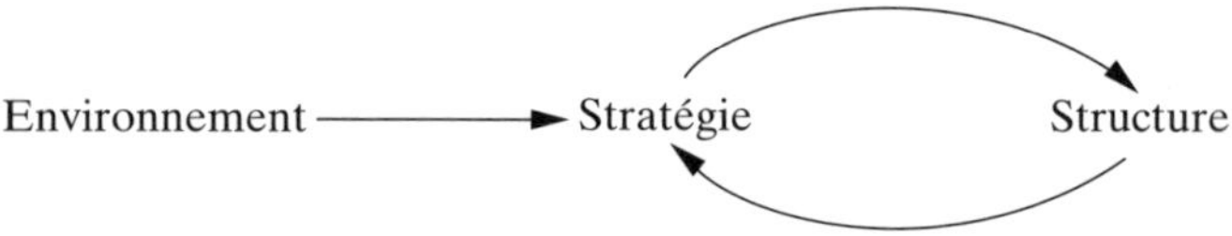

Bien que très riches, toutes ces analyses « contingentes » ont des limites qu'il faut souligner pour terminer.

– La notion d'« environnement » est souvent floue et en tout cas multiforme. N'y a-t-il pas là une création intellectuelle arbitraire et simplificatrice ? Est-il si facile de distinguer des « frontières » entre l'organisation et son (ou ses) environnements ? (cf. supra).

– Chaque recherche a isolé un facteur de contingence et a tenté d'en montrer l'influence : il est clair que ces facteurs non seulement coexistent mais interagissent l'un avec l'autre : par exemple, taille et technologie sont liées (il y a peu d'entreprises travaillant par processus de petite taille) ; les contextes culturels peuvent influer sur des facteurs techniques ; l'instabilité de l'environnement peut affecter la taille des organisations, etc.

– On peut admettre que l'efficacité des structures d'une organisation dépend certes de leur adaptation aux différents facteurs contingents auxquels celle-ci est soumise, mais elle dépend aussi de sa consistance interne. Entre les différentes tendances liées aux facteurs d'environnement et même en ne retenant que ceux qui sont les plus importants, il faudra peut-être arbitrer et choisir des éléments de cohérence globale de la structure, un peu comme un « parti » d'architecte au moment de la conception d'un édifice.

– Les approches contingentes laissent dans l'ombre les processus par lesquels cette « adaptation » organisa-

Un exemple d'entreprise face à son environnement : Air France

Au cours des dix dernières années, l'environnement d'Air France a beaucoup changé :

– de lourds investissements techniques et humains ont été nécessaires ;

– l'ouverture des marchés s'est développée, avec une concurrence des compagnies à « bas coût » ;

– la croissance du marché s'est ralentie et a chuté en 2008 (l'activité cargo perd même 20 %).

Les réponses habituelles d'Air France ne suffisent plus (soutien de l'État, croissance du marché...). D'où de nouvelles stratégies :

– un groupe Air France-KLM (créé en 2004) avec deux compagnies majeures et plusieurs filiales ;

– une flexibilité plus grande de l'offre, grâce aux deux « hubs » Roissy et Amsterdam ;

– la création d'une classe intermédiaire « Premium » pour répondre aux économies que veulent faire certains clients « affaires » ;

– un plan d'économies « Challenge 10 » ;

– un suivi des indices de « développement durable » auxquels le groupe se soumet.

En termes d'approche contingente, on y trouve donc :

– une taille croissante ;

– une technique standardisée et à lourds investissements ;

– un actionnariat diversifié (l'État ne possède plus que 17,8 % du capital) ;

– un environnement hostile et hétérogène ;

– une entreprise à contexte culturel français, puis européen, mais à présence mondiale.

tion-environnement se ferait. Or, il s'agit là d'un élément essentiel. Trop souvent, elles laissent entendre que cette adaptation est automatique. Ceci revient à réduire à néant le rôle des individus et à ignorer les marges de manœuvre existant dans les organisations (on aura reconnu ici le problème soulevé plus haut par les images machinique et biologique).

Tout d'abord, cette approche oublie que « l'environnement », pour influencer l'organisation, doit d'abord être perçu par des individus concrets. L'environnement n'est pas une donnée extérieure à la représentation que des individus s'en font, notamment au niveau de la direction. C'est en fonction de la représentation que les dirigeants se font (à tort ou à raison) de leur environnement (stable ou non, menaçant ou non, comportant des changements surtout financiers, ou sociaux, ou techniques…) qu'ils prendront certaines décisions. K. Weick (1979) propose même l'idée « d'enactment » (activation, promulgation) pour signifier la construction de l'environnement par les dirigeants. Ensuite, les dirigeants ne sont jamais totalement contraints, de même que l'« organisation » n'est pas un bloc homogène qui va réagir comme un seul homme. Il y a là une vision réductrice qui ne correspond pas à la réalité observable.

– On peut enfin aller au-delà et rappeler que l'organisation agit sur son environnement. L'organisation ne reste jamais passive, elle contribue à façonner son environnement : l'entreprise va négocier avec les pouvoirs publics, s'entendre avec des confrères, combattre une concurrence, faire du « lobbying » auprès des autorités de Bruxelles, etc.

C'est donc bien d'interaction (réciproque) organisation-environnement qu'il faut parler :

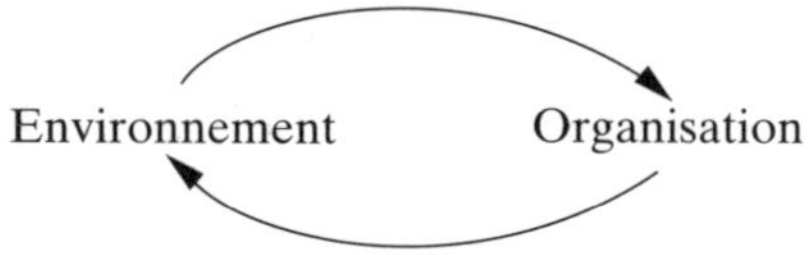

Ces critiques ont donné naissance à un nouveau courant de recherches, se rapprochant du point de vue des sciences sociales, qui admet notamment :

– que « l'environnement » est ambigu et qu'il peut faire l'objet d'interprétations multiples ;

– que l'organisation agit de manière à conformer l'environnement à la représentation qu'elle a de ce qui lui est favorable ;

– qu'en tout état de cause, la prise en compte des environnements, tels qu'ils sont perçus, n'est qu'un des fondements des choix organisationnels (il y a aussi des préférences personnelles des dirigeants et des considérations de « politique » interne). Nous le verrons notamment dans le chapitre suivant.

CHAPITRE IV

La décision dans les organisations

On peut voir une organisation comme un lieu où se prennent des décisions. Pendant longtemps, on a considéré la décision dans les organisations comme un acte rationnel se déroulant de manière logique. Puis, la théorie s'est affinée, pour considérer, grâce à des études détaillées sur certaines grandes décisions, une variété de facteurs qui font de la décision un phénomène plus complexe, moins facile à saisir. Plusieurs approches sont donc à considérer. D'une conception de l'« homme certain », prenant des décisions rationnelles dans un but précis, on est passé à un « homme probable », moins déterminé, et peut-être même à un « homme aléatoire » [1].

Dans la plupart des ouvrages de gestion ou de marketing, on trouve encore aujourd'hui une référence plus ou moins explicite à ce qu'il faut bien appeler un « modèle » classique de la décision. L'encadré de la page suivante est un exemple tiré d'un manuel américain récent de management.

1. Le modèle classique : persistance et critiques

Ce modèle de la décision rationnelle repose sur plusieurs éléments :

– un individu est le « décideur »,

– il est capable d'avoir des objectifs clairs,

– il étudie toutes les alternatives possibles, et détient des critères de choix lui permettant de choisir entre elles,

1. L'expression est de L. Sfez.

Les phases de la décision

A. Découverte de l'existence d'un problème.
B. Définition du problème ou de la situation.
C. Identification des objectifs.
D. Formulation des alternatives.
E. Évaluation des alternatives :
– conséquences,
– coût,
– moyens pour optimiser ces conséquences et ces coûts.
F. Choix.
G. Préparation de la mise en œuvre :
– acceptation,
– contrôles.
H. Mise en œuvre.
I. Évaluation des résultats.

– bien entendu, il choisira l'alternative procurant le résultat maximal,

– ceci se déroule dans un processus linéaire.

Ce modèle suppose une information disponible et complète (sur le problème, sur les alternatives possibles), une fonction stable et connue d'utilité (il y a des critères stables permettant le classement des solutions) et une liberté du « décideur ».

Comme on va le voir ci-dessous, ce modèle ne correspond que faiblement à la réalité et a fait l'objet de nombreuses critiques. Certains considèrent même qu'il y a là une fiction. Sa persistance nécessite donc qu'on comprenne pourquoi il est devenu le modèle dominant de la gestion et pourquoi il le reste largement :

– il correspond aux concepts du calcul économique standard (optimisation),

– il correspond à la rationalité cartésienne transmise par l'enseignement scientifique,

– il permet une modélisation mathématique, donnant lieu à des outils dits d'« aide à la décision »,

– il est donc rassurant,

– il est même valorisant pour celui qui s'imagine être (aujourd'hui ou plus tard) un « décideur ».

L. Sfez déclare qu'il remplit la fonction d'une « idéologie professionnelle », offrant à un groupe social (les managers, mais aussi les politiques) un cadre de référence précis. Dans le cas de décisions complexes, il permet aussi aux « décideurs » (interrogés dans la presse par exemple) de réécrire *a posteriori* l'histoire d'une décision, en la présentant comme ayant été prise selon différentes étapes logiques. Ils évitent ainsi de révéler à l'extérieur les incertitudes et doutes qu'ils ont vécus, les tensions qu'ils ont affrontées, les manœuvres qu'ils ont dû orchestrer, toutes choses qui pourraient donner de leur organisation une image moins valorisante…

Ce modèle survit donc moins pour sa vertu descriptive réelle que pour la commodité qu'il procure aux individus qui souhaitent s'identifier à ses acteurs (les « managers »).

Les critiques du modèle classique sont nombreuses et émanent de divers horizons théoriques (économistes, psychologues…). Nous ne retiendrons ici que celles ayant montré empiriquement l'écart entre le modèle et la réalité observable.

– De nombreuses études ont porté sur les processus de décision stratégique en entreprise. Par exemple, dans une étude portant sur 73 cas, un chercheur évalue à 20 % le pourcentage de décisions ressemblant au modèle classique. Dans une autre étude, portant sur 136 cas, un autre chercheur arrive à environ 30 %…

– La plus fameuse de ces recherches est l'étude approfondie réalisée par G. Allison (1971) sur la crise des Missiles de Cuba. Les États-Unis découvrent en octobre 1962 que l'URSS a implanté à Cuba des missiles menaçant le territoire américain. À partir de ce constat, le Président Kennedy réunit son conseil de sécurité et étudie les décisions à prendre.

G. Allison montre que tout s'est passé bien différemment de ce que le modèle classique permettait de prévoir.

• L'information était connue depuis septembre mais les rapports étaient contradictoires.

• Les différentes armées proposaient des tactiques différentes. Par exemple : l'Armée de l'Air était favorable à un bombardement général de l'île, prétextant qu'un raid aérien limité était impossible.

• Des pressions multiples s'exerçaient. Les diplomates suggéraient des solutions moins radicales. Mais le Président ne pouvait décider contre les militaires.

• Pour recueillir leur accord, le président a fait mine de se rallier à la négociation (la pire solution à leur avis), et a ainsi « fait passer » une solution acceptable par tous (le blocus).

L'auteur montre qu'on peut analyser cette décision à travers 3 grilles de lecture différentes :

– le modèle rationnel classique (mais cela donne peu de résultats !) ;

– un modèle fondé sur l'étude du fonctionnement détaillé des organisations, dont les unités proposent au dirigeant, selon leurs habitudes antérieures, des alternatives en nombre limité et comportant des solutions préconçues ;

– un modèle « politique », fondé sur l'étude des négociations entre les différentes parties prenantes, chacune ayant ses objectifs et ses atouts dans le « jeu ».

• Il est intéressant de remarquer que cet écart entre modèle rationnel et réalité n'est pas seulement mis en évidence par des théoriciens ou des chercheurs, mais aussi par des enseignants proches du monde des affaires ou par des praticiens [1].

2. La « rationalité limitée »

Partant d'une analyse psychologique du comportement, H. Simon (1947) propose une conception alternative au modèle classique. Il procède à une analyse critique des « étapes » du processus de prise de décision. Par exemple, il montre que la décision n'est pas toujours une réponse à un problème donné, le problème lui-même se construit au fur et à mesure. D'autre part, l'environnement est trop complexe pour être complètement maîtrisé. Pour lui, il faut partir des limites inhérentes aux capacités humaines.

– L'homme ne peut pas appréhender tous les choix possibles, ses capacités cognitives sont limitées. Il ne peut non plus embrasser une possibilité large de choix simultanés, il a besoin de « faire chaque chose en son temps ». Par conséquent, la recherche de l'optimum est impossible.

– Cependant, l'homme est rationnel : simplement, il ne va pas chercher la « meilleure » solution, il s'arrêtera

1. Par exemple, l'article fameux de la *Harvard Business Review* intitulé « Un bon dirigeant ne prend pas de décisions stratégiques », E. Wrapp, juillet-août 1984.

à la première solution assez bonne pour correspondre aux critères de choix qu'il avait. Il ne s'agit donc pas d'une solution optimale, mais d'une solution seulement « satisfaisante ».

H. Simon parle donc de « rationalité limitée », expression reprise ensuite par de nombreux sociologues. Puis il affine encore son analyse, et oppose la « rationalité substantive » (celle qui est mise en œuvre par le raisonnement déductif et analytique) et la « rationalité procédurale » (celle utilisée réellement par les êtres humains, qui relie sans cesse intentions et perceptions). La première, sur laquelle est fondé le modèle classique, ne convient qu'à un petit nombre de situations, celles où il n'y a pas de facteurs d'incertitude (au fond, c'est elle qui est « limitée »)[1]. La seconde est adaptée aux situations où l'information est incomplète, et où le raisonnement doit surtout reposer sur la recherche d'« astuces » et de raccourcis. C'est d'ailleurs pour aider cette rationalité procédurale que H. Simon croit aux vertus des systèmes informatisés, et non pas pour appuyer la rationalité abstraite du calcul.

À cet égard, il distingue les « décisions programmées » (répétitives) des « non programmées » (mal structurées, nécessitant de l'innovation).

Les décisions programmées peuvent être prises par habitude, ou bien en appliquant des procédures. Des modèles mathématiques pourront aider le « décideur » (recherche opérationnelle). L'ordinateur peut même déclencher l'action à la place de l'homme, selon un programme précis.

Les décisions non programmées nécessitent intuition et créativité. Elles doivent être prises par des hommes, à condition qu'ils soient entraînés pour les prendre (par transmission de savoir-faire). Des techniques heuristiques, interactives, peuvent l'aider.

3. Au-delà de la rationalité limitée

Nous regrouperons ici un certain nombre d'approches, hétérogènes, plus récentes, qui ont en commun, soit de pousser l'analyse critique du modèle classique plus loin, soit d'ouvrir des perspectives nouvelles.

1. C'est sur cette rationalité là que repose la théorie économique néo-classique.

– Tout d'abord, on peut introduire dans la compréhension du phénomène décisionnel une dimension psychique. Les individus engagés dans la décision ont des manières différentes d'appréhender le réel, de traiter de l'information, de se comporter face à des choix. Leurs expériences passées leur ont appris à réagir de telle ou telle manière et ils vont avoir tendance à utiliser cet apprentissage. Ceci pourra les conduire à être efficaces…, si la nouvelle situation de décision est voisine de celles qu'ils ont auparavant traitées. Des structures psychologiques, des styles de décision sont donc à prendre en compte.

Les psychologues insistent aussi sur la structuration progressive, non dépourvue d'allers et retours, du « champ » des possibles. Une multitude de mini-décisions tendent en fait à réduire considérablement l'éventail de ce qui est « décidable ».

D'autres montrent l'importance du langage, qui structure la manière dont l'individu saisit la réalité qui l'environne.

D'autre part, on peut aussi approcher de cette manière les préférences des « décideurs », qui ne sont pas uniquement le résultat de variables objectives. Le passé de l'individu et ses croyances personnelles peuvent jouer un rôle majeur. On peut comprendre par exemple certaines décisions stratégiques notamment en PME par les caractéristiques personnelles des dirigeants qui les ont prises. On peut aussi constater que des caractéristiques individuelles du PDG, telles que l'ambition, le sens de l'égalité, la confiance dans autrui, la tolérance à l'ambiguïté, l'acceptation du risque, ont une grande influence sur les choix structurels.

– On a pu montrer aussi que, dans certaines organisations, il y a des « solutions » toutes faites qui cherchent des occasions d'être utilisées. Ce ne sont pas les problèmes qui sont premiers, mais les solutions (projets préparés, idées de certains dirigeants, rapports d'experts…). Le processus de décision s'analyse donc plutôt comme une rencontre assez aléatoire, entre des « solutions » et des problèmes, que les membres de l'organisation formulent et dont ils se déchargent (d'où le nom donné à cette analyse de « modèle de la poubelle » ou mieux de l'« auberge espagnole » formulé par Cohen, March, Olsen).

– On peut souligner enfin l'importance des contraintes liées au système d'organisation sur les individus engagés dans la décision. Celle-ci peut apparaître comme le résultat d'un processus complexe d'interactions largement déterminé par les structures au sein desquelles il se déroule et par les positions de chacun des participants. On peut ainsi parler d'un « système de décision », dont le résultat (la décision) n'est pas surprenant quand on connaît les caractéristiques de l'organisation et celles de ses membres.

– Certains chercheurs en viennent à douter de la pertinence d'isoler quelque chose qui serait une « décision ». Il est difficile d'observer une « décision » comme un biologiste un microbe : on peut certes recueillir le récit de ceux qui y ont participé mais ils ont tendance à rationaliser *a posteriori*. De plus, il y a rarement de traces écrites dans les entreprises des différentes étapes parcourues. Les organisations (et les individus qui s'y trouvent) agissent, mais dire qu'elles « décident » n'est-il pas une création artificielle de l'observateur ?

Quelle que soit l'approche utilisée, il reste que le « gestionnaire » peut se poser la question de l'amélioration de la qualité des décisions (ou des actions) prises dans l'entreprise. Plusieurs enseignements peuvent être tirés à cet égard :

• À supposer qu'une activité de « prise de décision » soit clairement isolable, elle ne semble pas aussi importante qu'on le dit dans le discours des cadres et des dirigeants. Par exemple, une des premières études sur le sujet (d'origine britannique) a indiqué que la « prise de décision » n'occupait que 8 % du temps des managers interrogés, contre 42 % au traitement de l'information, 15 % à l'explication d'objectifs ou de consignes, etc. L'efficacité globale du manager passe donc largement par l'efficacité d'un grand nombre d'activités non liées – ou très indirectement – à des processus de décision : il y a un vaste champ de progrès dans ce domaine.

• En gestion, on se préoccupe beaucoup de l'information disponible. Le postulat est que meilleure est l'information dont disposent les « décideurs », meilleures seront les décisions. Le développement de l'informatique a permis la création d'outils nombreux, depuis les calculs de « recherche opérationnelle » jusqu'aux systèmes dits « d'aide à la décision ». Dans une probléma-

Un exemple de système de décision : les subventions publiques à la sidérurgie

Une série constante de décisions a permis de dépenser plus de 6 milliards d'euros en aide à la sidérurgie française entre 1978 et 1983. Malgré les analyses économiques qui pouvaient être faites, un consensus s'est établi entre les responsables concernés (dirigeants des grandes entreprises, ministère de l'Industrie, Chambre syndicale), pour augmenter constamment la capacité de production française, quel qu'en soit le coût et quel que soit l'état du marché, en rejetant implicitement tout critère de rentabilité. L'acier est le symbole de la puissance industrielle, il ne peut être question de le remettre en cause. Un « Système Sidérurgique » est à l'œuvre, associant des responsables souvent sortis des mêmes Écoles et entretenant des alliances entre eux. Les décisions « vont de soi ». On peut discuter des formes de l'intervention de l'État, pas des options industrielles et commerciales. « Un principe ne se démontre pas, il s'impose ».

La concentration de l'industrie et la concurrence mondiale aboutissent à un regroupement européen (Arcelor) puis mondial (Arcelor Mittal en 2006) où l'État cède sa place aux investisseurs privés.

Source : d'après J.G. Padioleau, *Quand la France s'enferre*, Paris, PUF, 1981.

tique enrichie de la décision, telle qu'on vient de la présenter sommairement, on voit bien les limites de ce postulat. La décision n'est pas qu'une affaire d'information disponible. Celle-ci doit être ajustée aux capacités réelles des individus susceptibles de s'en servir. C'est seulement en interaction avec l'individu que les systèmes informatisés peuvent apporter une aide réelle (d'où le développement des systèmes « interactifs »).

On constate même que de nombreuses décisions aboutissent au résultat inverse de ce qui était recherché (les "décisions absurdes", C. Morel, 2002).

La « qualité » de la décision dépend davantage du processus qui la produit et de la capacité des individus à utiliser des raisonnements variés que de la quantité ou de la sophistication de l'information mise à leur disposition.

• Les diverses approches évoquées obligent à un plus grand réalisme sur les marges de manœuvre réelles des soi-disant « décideurs » et incitent à mieux prendre en compte le contexte et les contraintes qui pèsent sur leurs

TABLEAU 1

Les principales conceptions de la décision

Conceptions	
Rationaliste	Un décideur comparant des alternatives et choisissant la solution optimale à un problème donné.
Néo-rationaliste	Un décideur aux capacités limitées, construisant le problème et la solution, et adoptant une solution satisfaisante.
Politique	Des individus, ayant des objectifs pour partie différents et négociant entre eux pour aboutir à un compromis acceptable.
Critique	– Des facteurs psychologiques influent sur les décisions. – Celles-ci ont des « effets pervers » quelquefois importants. – Les solutions précèdent quelquefois les problèmes. – Des systèmes relationnels conditionnent les décisions produites. – Il y a des actions, mais y a-t-il des « décisions » ?

actions (en tout cas dans les grandes organisations). Avoir une vision plus complexe et plus riche du processus de décision aide à comprendre pourquoi des décisions théoriquement rationnelles sont impossibles à prendre dans la pratique ou, plus fréquemment encore, inapplicables une fois qu'elles sont prises.

• Cette vision nous amène aussi à une plus grande lucidité dans l'analyse d'une organisation, notamment par rapport aux discours qui y sont tenus. Il y a une face visible des processus de décision (elle est essentielle) mais il y a aussi l'arrière-scène, sur laquelle il n'est pas facile d'avoir des éclaircissements, malgré l'importance des événements qui s'y déroulent ou des épisodes qui s'y préparent… L'analyse d'un processus de décision passe donc toujours par une étude minutieuse et patiente, recoupant les déclarations entre elles, celles-ci et les textes disponibles. Il a bien fallu procéder de cette manière quand, dans des circonstances dramatiques, on a voulu faire la lumière sur des décisions malencontreuses (par exemple, quand les autorités américaines ont voulu expliquer l'accident de la navette Challenger en 1986).

• Enfin, on perçoit des pistes d'amélioration trop rarement parcourues :

– l'entraînement concret des membres d'une organisation à la prise de décision complexe (simulations de gestion ou de stratégie, par exemple) ;

– la modification des structures organisationnelles dans un sens facilitant l'échange d'informations, l'ouverture sur les environnements, la confrontation des logiques. Si les décisions sont le produit de processus mettant en jeu différents partenaires, c'est en améliorant le cadre organisationnel dans lequel ces processus se déroulent qu'on pourra le mieux influer sur leur qualité. On verra dans le chapitre VI qu'il y a là quelques-uns des objectifs actuels des changements d'organisation.

CHAPITRE V

Les acteurs dans l'organisation

Parler globalement d'« organisations » et de structures serait insuffisant si l'on ne cherchait pas à comprendre les comportements des individus et des groupes qui en font partie et les façonnent.

Nous examinerons dans ce chapitre les éléments de base d'une compréhension sociologique des comportements de ces individus, à partir d'un certain nombre de concepts qui en proposent une explication cohérente : celui d'acteur, celui de stratégie et celui de règle.

Nous présenterons ensuite deux des ressorts principaux de l'action tels qu'ils sont exposés dans cette approche : d'une part le pouvoir, d'autre part la culture.

1. Le point de départ de l'analyse par les acteurs

Pour tenter d'expliquer l'action organisée, nous avons invoqué jusqu'à présent principalement des caractéristiques collectives et les interactions qu'un ensemble désigné comme « organisation » avait avec son environnement. Il faut se pencher maintenant davantage sur les processus sociaux qui « font tourner » ces ensembles et leur donnent une dynamique. On a regardé le système, il faut maintenant voir les acteurs, pour reprendre le titre de l'ouvrage fondateur de M. Crozier et E. Friedberg [1].

Pour ce faire, les sociologues nous proposent plusieurs idées servant de point de départ et de cadre de l'analyse :

1. M. Crozier et E. Friedberg, *L'acteur et le système*, Paris, Seuil, 1977.

– L'« organisation » n'est pas une donnée naturelle, produite par des mécanismes qu'il faudrait étudier comme le biologiste étudie les lois de la génétique. L'organisation n'est jamais entièrement déterminée, elle résulte toujours d'une « construction » sociale particulière. Il n'y a pas deux organisations exactement identiques car il n'y a jamais deux histoires identiques, deux ensembles de relations entre individus identiques.

– S'il n'y a jamais complète détermination, alors il y a place dans l'organisation pour de la liberté. Certes, l'organisation établit des contraintes (division du travail, hiérarchie, procédures...) mais celles-ci n'abolissent jamais la possibilité d'un « jeu » entre ces contraintes. On a souvent montré que même dans des organisations fortement bureaucratiques (où donc en principe il n'y avait aucune marge de manœuvre), il existe de nombreuses latitudes souvent cachées.

– Si l'on veut comprendre les comportements, dans des organisations à chaque fois spécifiques, non totalement déterminées, et où les individus disposent d'une certaine marge de liberté, il faut éviter de recourir à des explications trop générales.

C'est toujours en regardant les situations concrètes auxquelles sont confrontés les individus qu'on peut comprendre pourquoi tel comportement a prévalu. Ceux-ci ne font que tenter de s'ajuster aux problèmes qui leur sont posés, aux contraintes et aux opportunités qu'ils rencontrent, aux partenaires qu'ils ont dans la situation [1].

Au centre de l'analyse, on trouve donc un individu ou des individus en situation d'acteurs.

SCHÉMA 1

L'explication par les situations

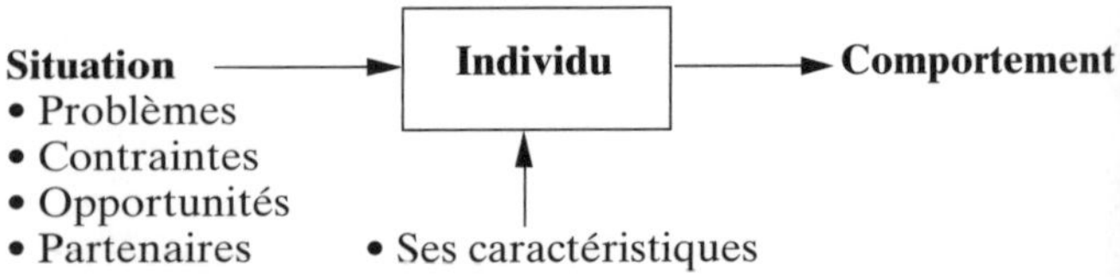

1. Il n'est donc nul besoin, dans cette approche, d'une théorie générale des besoins humains ou des motivations.

2. Qu'est-ce qu'un acteur ?

Ce n'est pas celui qui tient un rôle, c'est celui qui agit dans la situation. Dans une situation donnée, tous les individus n'agissent pas, car tout le monde n'est pas forcément concerné par le problème ou n'a pas les moyens (les ressources) pour intervenir. Est acteur celui ou ceux qui, ensemble, ont des positions communes face au problème et des intérêts à défendre.

C'est le problème posé qui définit les acteurs (qu'ils soient à l'intérieur ou à « l'extérieur » de l'organisation). Par exemple, un problème de distribution de produits va mettre en jeu les vendeurs, les gens des usines, les transporteurs, les clients. La direction financière, l'ingénieur entretien ne seront (peut-être) pas acteurs pour ce problème, mais ils le seront pour d'autres.

Face à un problème donné, ayant une certaine durée, les « acteurs » vont vraisemblablement développer des comportements stables. Par exemple, si les stocks sont constamment insuffisants, les vendeurs vont avoir tendance à faire des commandes de précaution, ou à faire pression sur le chef d'atelier pour lui « extorquer » une livraison, ou encore à appeler leurs collègues d'autres régions pour savoir s'ils n'auraient pas en magasin le produit manquant.

On appellera « stratégie » un ensemble de comportements stables que les acteurs adoptent en vue de préserver leurs intérêts (dans cet exemple, satisfaire leur client, toucher la commission de vente, être le « meilleur » vendeur etc.).

Bien entendu, il s'agit des intérêts (matériels, symboliques, psychologiques) tels qu'ils les conçoivent eux-mêmes, et non pas tels que leur chef (ou tel que l'observateur extérieur) les conçoit.

La stratégie est forcément « rationnelle » au sens où elle tend à obtenir des résultats. Mais rien ne dit que les résultats sont ceux qu'il « faut » atteindre, tout dépend du point de vue où l'on se place. Toute stratégie est rationnelle aux yeux de ceux qui l'utilisent… mais il y a plusieurs rationalités (celle du client, celle de la direction, celle du vendeur, celle des usines, etc.). On peut aussi dire, dans cette approche, que la stratégie des acteurs est orientée en fonction des enjeux concrets de la situation (c'est-à-dire de ce qu'elle procure de choses à gagner ou à perdre).

Bien entendu, il ne faut pas comprendre la « stratégie », dans ce sens, comme un calcul systématique, fait à froid avant l'action (sinon, on retombe dans les errements de l'approche classique de la décision, cf. chapitre IV). Des stratégies peuvent être multiples, pas toujours cohérentes ni conscientes. Ces stratégies vont utiliser les ressources (officielles ou non, matérielles ou non) dont dispose l'acteur. Dans notre exemple des vendeurs, ceux-ci vont utiliser leur connaissance des courbes de consommation du produit, leur capacité de « négociation » avec l'usine, leur réseau relationnel et amical entre eux. Si ces ressources ne sont pas suffisantes, il en découlera un échec, une frustration et peut-être une attitude de retrait par rapport aux problèmes à traiter : ce n'est donc pas une question de « climat » mais d'adaptation des ressources aux stratégies.

3. Règles « d'en haut » et règles « d'en bas »

L'organisation, on l'a vu, crée des règles pour assurer son fonctionnement. Mais ces règles sont de nature et d'origine très diverses.

La direction (ou le « Sommet stratégique », ou la hiérarchie) crée des règles officielles ayant pour but d'influencer le travail et le comportement des membres de l'organisation. Ces règles peuvent être écrites : consignes de travail, règles administratives et de gestion, procédures à respecter. Elles peuvent être aussi non écrites : le salarié découvre que, dans tel cas, il vaut mieux faire comme cela (exemple : consulter telle personne influente) ou – au contraire – il est déconseillé d'avoir tel comportement.

L'organisation secrète des normes et des obligations implicites qui, dans certaines organisations, sont plus nombreuses et plus contraignantes que les explicites (c'est souvent le cas dans les structures simples et les bureaucraties professionnelles, par exemple).

Mais les règles sont produites aussi par les salariés eux-mêmes, de manière libre, celles qu'on aurait appelées « informelles ». On est donc en présence d'un double système de règles : des règles « de contrôle » (produites en haut) et des règles « autonomes » (produites en bas). Quelle relation y a-t-il entre elles ? N'y a-t-il dans l'étude de ce niveau de la réalité que l'intérêt de dévoiler quelque chose de « caché », de clandestin et d'illégal, mais finalement de secondaire ou d'anecdotique ?

Pas du tout, il faut au contraire considérer que le fonctionnement concret de l'organisation est le résultat articulé de ces deux types de règles : c'est la théorie de la « régulation conjointe » [1].

Les règles « autonomes » ont plusieurs rôles :

– elles complètent les règles officielles dans les nombreux cas où celles-ci sont insuffisantes (cas non prévus, aléas, problèmes nouveaux...) ;

– elles traduisent en termes pratiques, en termes d'action, ce que la directive officielle ne fournit souvent que sous une forme générale ou abstraite. De la directive à l'action concrète, il y a toujours une marge, qui doit être franchie par l'opérateur : il crée donc pour cela, avec l'expérience, « sa » règle opératoire. S'il décide de ne pas l'utiliser et d'en rester aux directives officielles, il peut parfois bloquer le système (grève du zèle) ;

– elles constituent des infractions à la règle de contrôle, pour assurer au mieux les intérêts spécifiques des opérateurs (simplification et allégement du travail, amélioration des conditions de travail, facilitation des communications...).

C'est la conjonction de ces deux types de règles qui explique le fonctionnement concret des organisations. On voit donc bien la rupture de cette analyse, bien sûr avec la vision taylorienne (selon laquelle l'informel était toujours condamnable), mais aussi avec l'approche purement psychosociologique (les relations « informelles » satisfont des besoins non prévus par la hiérarchie). Certaines des « règles autonomes » ont une fonctionnalité indispensable qu'il s'agit de reconnaître.

Cette analyse de la « régulation conjointe » rejoint les conclusions de l'analyse du travail (faite par les ergonomes) que nous évoquerons plus bas. L'opérateur, pour la réalisation de sa tâche, met en œuvre des pratiques de son invention, qui lui permettent de la réaliser au mieux. Ne faire que le « travail prescrit » serait insuffisant. Il lui faut donc, pour partie, créer ses propres règles, seul ou plus souvent avec les autres opérateurs exerçant la même activité (règles de métier).

Pour la gestion d'entreprise, ce constat conduit à trois attitudes :

1. J.D. Reynaud, *Les règles du jeu*, Paris, A. Colin, 1989.

– on peut chercher à élucider et, de ce fait, mieux articuler les deux types de règles : la question sera alors de décider quel degré d'autonomie on veut reconnaître aux acteurs ;

– on peut vouloir surtout actualiser la règle de contrôle, la rendre plus réaliste, en y intégrant des éléments spontanés de « la base ». Mais le gestionnaire doit savoir que de nouvelles règles autonomes se créeront ailleurs un peu plus tard, à l'épreuve de la nouvelle règle… ;

– on peut vouloir capter, codifier puis incorporer les connaissances et règles « cachées » de l'opérateur dans les systèmes automatiques d'exploitation : c'est l'objet des « systèmes-experts ». Ce n'est pas toujours ni possible, ni souhaitable.

4. Deux ressorts de l'action : le pouvoir et la culture

N'y a-t-il pas des orientations générales à ces stratégies d'acteurs ?

L'analyse « stratégique » a d'abord insisté, à la suite de M. Crozier et E. Friedberg, sur l'importance de la recherche du pouvoir. On a ensuite mis en évidence des facteurs d'ordre culturel.

4.1. Le pouvoir : définition et sources

Les stratégies des acteurs peuvent être orientées vers le maintien ou le développement de leur pouvoir : avoir davantage de moyens, davantage d'autonomie, déterminer l'activité des autres, conduire des projets, etc. Qu'est-ce que le pouvoir ? On peut le définir comme la capacité que l'acteur a d'obtenir d'un autre un certain comportement. D'où peut venir ce pouvoir ? Dans l'approche stratégique, il n'est pas lié à la personne de l'acteur mais plutôt aux ressources dont il dispose et à sa place dans l'organisation. Un acteur peut tirer du pouvoir :

– de l'autorité officielle dont il est investi (le PDG est supposé avoir du pouvoir…),

– de la compétence qu'il détient,

– de la détention d'une information critique pour l'organisation.

Un aspect fondamental de la notion sociologique de pouvoir, c'est que le pouvoir dans une organisation est quelque chose de réparti, et qu'il serait trop simple d'y voir seulement l'affrontement entre les gouvernants (détenteurs de toutes les sources de pouvoir) et les gouvernés (totalement démunis).

Dans la relation entre celui qui cherche à exercer un pouvoir (A) et celui qui la reçoit (B), tout d'abord, il y a une certaine forme d'échange. A a intérêt à ce que B se comporte d'une certaine façon, mais B peut chercher à monnayer son obéissance. Une sorte de « contrat » tacite peut ainsi s'instaurer. On en arrive de ce fait à une nouvelle définition du pouvoir, selon laquelle « le pouvoir de A sur B est la capacité de A d'obtenir que, dans sa relation avec B, les termes de l'échange lui soient favorables » (Ph. Bernoux).

Plus globalement, on doit bien considérer que beaucoup d'individus détiennent une parcelle de pouvoir. Même s'il y a évidemment des individus ou des groupes qui en détiennent plus que d'autres, personne n'en est tout à fait dépourvu. Le fonctionnaire, même subalterne, qui peut rejeter votre demande et vous faire revenir une seconde fois à son guichet, la secrétaire qui seule sait où est classé tel dossier.

Il faut donc éviter de voir le pouvoir comme quelque chose qui existe en quantité définie au sein d'une organisation, de telle manière que ce que gagnerait l'un serait enlevé à l'autre. Le pouvoir n'est pas figé. La question du « partage » du pouvoir ne se résout pas à l'attribution de parts d'un gâteau qui serait fixe. Il faut donc plutôt parler d'équilibre ou de régulation du pouvoir.

L'idée qu'il y ait une relation d'échange entre le chef et son subordonné est confirmée également dans l'approche économique moderne. Plus que sur l'autorité formelle, les relations supérieur/subordonné sont aujourd'hui fondées sur une offre et une demande de « services informels » que ces deux partenaires vont s'échanger.

Le subordonné fera montre de diligence, par exemple, en échange de perspectives de promotion. La confiance dans le fait d'obtenir de son partenaire « un remboursement de sa dette » est un élément essentiel de la relation.

On a déjà vu que le pouvoir sera d'autant plus grand que l'auteur maîtrisera une zone d'incertitude. Or, celui qui peut maîtriser (même partiellement) une de ces zones est, en fait, irremplaçable et peut créer une dépendance des autres à son égard : au début de l'informatisation d'un service, l'informaticien détient du pouvoir. Le VRP qui « maîtrise » ses clients, l'employé qui connaît bien la procédure d'achats ont aussi du pouvoir à cause de cela. Évidemment, toutes les zones d'incertitude n'ont pas la même importance : c'est ce qui fait l'inégalité du pouvoir. La zone d'incertitude, par exemple administrative, maîtrisée par le modeste employé, est sans doute moins vitale pour le développement de l'entreprise que la capacité du directeur financier d'obtenir de l'argent auprès des banquiers grâce à ses relations professionnelles.

Dans ce cas, l'importance relative des zones d'incertitude contrôlées est cohérente avec la structure hiérarchique : on est d'autant plus haut qu'on contrôle des zones vitales. Mais il y a aussi de nombreux cas où il n'en va pas de même (des chefs hiérarchiques qui ne contrôlent que peu de zones d'incertitude, des subordonnés modestes qui en maîtrisent certaines...), ceci montre bien l'intérêt de l'analyse du pouvoir et pas seulement celle de l'autorité.

De toute façon, nous ne devons pas oublier que nous sommes en présence d'un phénomène contingent : on a du pouvoir quand l'incertitude que l'on peut maîtriser est importante pour l'organisation, dans des conditions données.

Celles-ci peuvent évoluer, et donc modifier la répartition des sources de pouvoir. Par exemple, quand l'incertitude majeure est devenue le marché, les commerciaux y ont gagné dans certaines entreprises un pouvoir qui était auparavant détenu par les gens de production. Aujourd'hui, autre exemple, le développement des « nouvelles technologies » est en train de redonner du pouvoir aux techniciens des Méthodes, chargés d'étudier l'automatisation et de choisir les machines, et à l'ingénieur d'entretien, chargé de trouver la solution aux pannes d'appareils de plus en plus compliqués et imprévisibles... (cf. chapitre VI).

4.2. Les cultures et identités

On a reproché à l'analyse « stratégique » de se focaliser à l'excès sur les stratégies de pouvoir. D'autres sociologues ont insisté sur l'importance de l'appartenance à un groupe et la poursuite, avec lui, d'un projet collectif dans lequel l'acteur se reconnaît.

• Tout d'abord l'acteur n'est pas un être abstrait, détaché de son environnement. Il a une origine géographique, sociale et professionnelle. Il peut se sentir membre d'un groupe (qu'il s'agisse de celui des méridionaux, des diplômés de l'École Centrale ou des salariés du BTP, des végétariens, et de tous à la fois...). Il peut chercher à se définir par référence à ces groupes, qui vont contribuer à construire son identité. Dès lors, l'explication des stratégies ne peut être totalement contenue dans la situation spécifique, au moment où on l'analyse, mais aussi dans le passé de l'acteur et ses appartenances, antérieures et actuelles...

• D'autre part, la vie dans l'organisation n'est pas faite seulement de l'expérience de la lutte pour un pouvoir. Elle est aussi un lieu d'apprentissage de normes culturelles, partagées par certains groupes, et fortement intériorisées [1].

Dans les rapports quotidiens au travail, selon l'analyse de R. Sainsaulieu, s'élaborent plusieurs types de normes de relations : celles qui portent sur les relations entre collègues, au sein du groupe de pairs, dans la relation au chef et dans la relation au « leader » (s'il y en a un). Ces quatre normes définissent, selon lui, différents types d'attitudes au travail.

• Enfin, il faut rappeler ici qu'on peut voir une organisation comme un espace où s'articulent différents niveaux de cultures : des micro-cultures d'unités ou de

SCHÉMA 2

L'organisation comme lieu de cultures

1. C'est en partie sur la base de ces normes que les groupes de salariés élaborent sur le terrain leurs « règles autonomes » dont nous venons de parler.

Les concepts de l'analyse « stratégique » (Synthèse)

Des acteurs :
- ayant des appartenances et des apprentissages,
- dans des situations concrètes,
- ayant à résoudre un problème,
- ayant des enjeux dans la situation,
- mobilisent leurs ressources pour :

mettre en œuvre des stratégies

à la recherche du pouvoir — en quête d'identité

services, des cultures de relations, des cultures de métier, bien sûr des cultures d'entreprises, et des cultures nationales (cf. chapitre III, partie 5).

Plusieurs éléments de cette analyse ont été critiqués : les acteurs ont-ils tellement de liberté, notamment dans les grandes organisations ? Parler d'intérêts à défendre, n'est-ce pas une vision étroite, utilitariste de l'homme ? Bien qu'un débat soit possible, cette approche, une fois actualisée et complétée, constitue un outil conceptuel d'analyse d'une grande utilité susceptible d'une opérationnalisation étendue [1]. On esquissera la grille d'analyse correspondante dans le chapitre VII, paragraphe 1.5.

Soulignons seulement ici l'intérêt de l'approche du point de vue de la méthodologie d'analyse :

– Priorité est donnée à la découverte du terrain, qu'il faut décrire en évitant toute normativité et en se méfiant des explications générales.

– Il faut prendre en compte tous les points de vue, puisque le but est de comprendre la logique propre de chaque acteur. C'est ensuite qu'on croisera et comparera les témoignages et qu'on pourra dresser un tableau complet des relations et des stratégies en présence.

– La « validité » de l'analyse n'est pas obtenue par référence à un idéal extérieur, mais par la confrontation de la lecture faite par l'analyste avec celle des acteurs réels. Dès lors, la restitution et la discussion des résultats dans l'organisation étudiée revêtent une importance capitale. C'est la confrontation des analyses, et l'effet de « miroir » qui peut en découler qui peut faire naître l'action de changement.

---

1. Cf. Amblard, Bernoux, Herreros, Livian, *op. cit.*

CHAPITRE VI

Les évolutions actuelles des organisations

Un certain nombre de facteurs modifient les conditions du fonctionnement des organisations dans les pays industriels développés. On peut parler d'un changement, au moins partiel, de modèle socio-organisationnel.

Deux niveaux d'analyse seront envisagés :

– au niveau des « macro-structures », nous examinerons les évolutions actuelles au sein des structures formelles classiques, mais aussi les nouvelles formes organisationnelles aux contours plus incertains, liées aux caractéristiques du monde économique d'aujourd'hui ;

– au niveau « micro », nous examinerons les formes actuelles d'organisation du travail concernant l'individu et son espace de travail.

Trois types de facteurs sont couramment invoqués pour expliquer les évolutions actuelles :

• *Des facteurs technologiques.*

Nous en soulignerons deux :

– l'accroissement dans de nombreux secteurs du coût des investissements (ce qui se traduit entre autres par un renchérissement du coût de la création d'emploi en production) ;

– la complexification des processus de production (automatisation, systèmes électroniques, télécommunications) créant de nombreux aléas et soulevant donc des problèmes de maintenance et de fiabilité.

• *Des facteurs économiques.*

– Une diversification des produits et des services, touchant y compris la « production de masse » (exemple : sur la chaîne de montage automobile il n'y a pratiquement plus deux véhicules identiques).

– Une rapidité nécessaire dans de nombreux secteurs de la mise sur le marché des produits et services, compte tenu de la vivacité de la concurrence nationale et internationale.

Ces deux types de facteurs se combinent pour permettre aujourd'hui d'éviter le dilemme production de masse ou production sur mesure, et de passer à la « spécialisation souple » (M. Piore et C. Sabel).

• *Des facteurs sociaux.*

Là aussi, en en sélectionnant un petit nombre :

– une évolution des attentes relatives au travail, en partie liée à des représentations plus ou moins favorables de certaines activités (en France, par exemple, la dévalorisation du travail manuel et technique, le souhait d'un travail varié et autonome…) ;

– une différenciation des niveaux de formation entre anciens salariés et « nouveaux », entre diplômés et autodidactes…

Certaines analyses soulignent l'inadéquation actuelle des principes du modèle socio-productif hérité de Taylor et de Ford.

Nous reprenons notre schéma utilisé pour le taylorisme (*supra* page 22).

Dans les secteurs de production, un nouveau modèle émerge dans les années 80 autour de la « production au plus juste » (*lean production*), à la suite de l'expérience japonaise. En restant dans le secteur automobile, souvent utilisé comme référence des modèles socio-productifs, on

SCHÉMA 1

Vers un nouveau modèle socio-productif ?

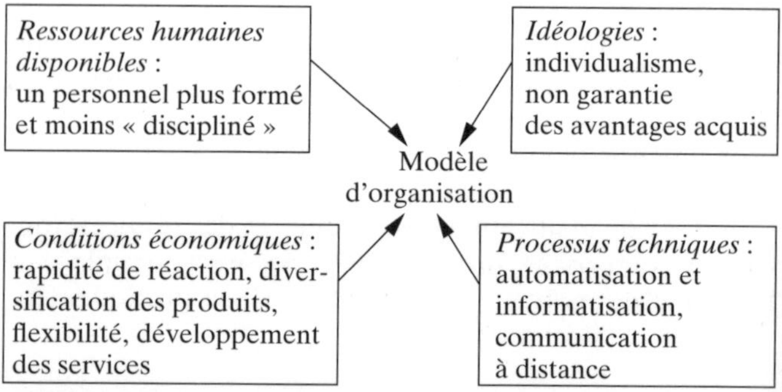

passerait du « fordisme » au « toyotisme »[1], système fondé sur des séries plus courtes et des stocks faibles, sur l'allégement des services techniques, le transfert massif de responsabilités vers les ouvriers de production (mieux formés et polyvalents) et la recherche systématique de la qualité.

À cela s'ajoute la recherche systématique d'économies, par la sous-traitance et la localisation d'usines dans les pays à faible coût de main-d'œuvre.

De nombreux débats ont agité les spécialistes, surtout autour de la question : y a-t-il vraie rupture de ces « modèles » avec le fordisme ? Quelle est l'ampleur de ces changements ? Ce qui est clair, c'est qu'il n'y a jamais dans ce domaine de changement brutal, et que coexistent au sein de la même entreprise des modes d'organisation issus de différentes pratiques antérieures. Il n'y a pas une succession de périodes historiques (l'OST, puis le fordisme, puis le toyotisme...), on constate plutôt une recherche constante, pragmatique,

SCHÉMA 2

L'évolution des MSP dans l'automobile

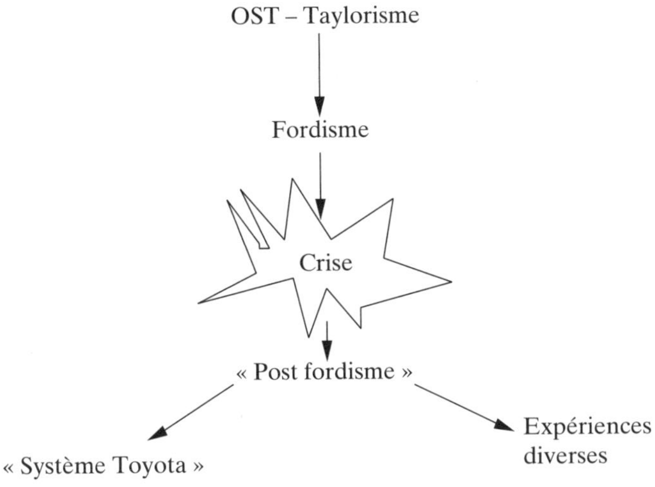

1. Encore appelé « Ohnisme » par référence à Ohno, ingénieur japonais ayant conseillé E. Toyoda (fondateur de Toyota), comme on parle de « taylorisme ».

aboutissant à la présence simultanée d'organisations portant la trace de plusieurs modèles. La nouvelle industrie automobile chinoise, par exemple, mélange plusieurs méthodes (fordisme, toyotisme, management à la chinoise...). Quoiqu'il en soit, ces évolutions sont à l'origine de politiques relativement voisines selon les secteurs d'activité, et qui ne manquent pas d'avoir des conséquences profondes sur les modes d'organisation :

• des politiques de flexibilité, qui se déclinent à travers des dimensions :

– techniques (usine flexible, petites séries, changements rapides) ;

– d'emploi (développement de l'emploi précaire),

– de temps de travail (aménagements mensuels, annuels...),

– d'organisation des postes de travail (changements fréquents, polyvalence...),

– de rémunération (augmentation de la partie variable) ;

• des politiques de productivité, tendant à rentabiliser au maximum les investissements immatériels comme les investissements matériels ;

• des politiques de qualité, cherchant à concentrer les efforts de tous les salariés sur une élévation et surtout une constance dans la qualité des produits ou des services, notamment en référence à des standards internationaux.

Ces trois politiques sont particulièrement visibles dans les entreprises industrielles et commerciales, mais on les voit aussi dans de nombreux services publics, dans des associations importantes et dans des organisations culturelles.

1. Au niveau des structures globales

1.1. Les évolutions au sein des structures classiques

Quelles que soient les structures, les politiques récentes ont eu pour but d'alléger les services fonctionnels et de simplifier la ligne hiérarchique.

– Des services d'« état-major » servant à l'étude et à la préparation des décisions, à la planification et au contrôle ont été réduits ou supprimés. Il en est de même pour certains services administratifs, juridiques et fiscaux. Cet allégement s'est accompagné parfois d'un « redéploiement », consistant à demander aux « fonctionnels » d'aller rejoindre les forces opérationnelles et commerciales (cas du secteur bancaire par exemple).

– Plusieurs niveaux hiérarchiques sont supprimés, notamment en production (on verra ci-dessous comment). Certaines grandes usines passent de six ou sept niveaux à trois ou quatre.

– On préfère systématiquement découper les structures en petites unités, réputées plus souples, et permettant ainsi une décentralisation des responsabilités (services, agences, ateliers, centres de profit ou de résultats). Dans ce sens, les structures divisionnelles ont continué à se développer.

– On assiste également au développement des structures de projet, permettant une coordination de différentes compétences autour d'un responsable ou d'une équipe ayant en charge son pilotage jusqu'à son aboutissement. Ce type de fonctionnement habituel, comme on l'a vu dans les secteurs à opérations discontinues, se généralise à d'autres secteurs, notamment pour gérer les processus de conception et de lancement de produits nouveaux (par exemple, dans le secteur automobile).

– Le développement de l'autonomie des unités et l'accroissement de leur responsabilité de gestion se traduisent également dans de nombreuses organisations par une volonté de changement du type de rapports existant entre elles. Dans le contexte du mouvement de la Qualité, l'idée se développe selon laquelle chaque élément de la structure doit rendre des services aux autres de manière claire, comportant des engagements de résultats. Les rapports seraient ainsi non plus des rapports de supérieurs à exécutants, ou de fonctionnels à opérationnels, ou bien de collègues à collègues mais de « clients à fournisseurs ».

Une sorte de contrat lierait des services fournisseurs internes à leurs clients (par exemple, le service informatique et l'usine), après négociation d'objectifs, de coûts, de niveau de qualité. On voit qu'il s'agit de réintroduire ou, plus souvent, de formaliser des relations de marché au sein des organisations.

Les postulats sont clairs : les relations marchandes, si elles sont formalisées dans des contrats, sont plus claires et plus efficaces que les autres types de relations. Elles permettent également de rendre comparables des prestations de services internes à celles qui pourraient être obtenues à l'extérieur (et préparer ainsi, si cela est nécessaire, leur sous-traitance externe). Si cette « relation fournisseur-client » permet une recherche d'efficacité et de clarté, la pratique qu'en ont maintenant certaines entreprises depuis une vingtaine d'années permet d'en dégager quelques risques :

– état d'esprit négociatoire sur-développé,

– tension entre services,

– déséconomies à long terme (on a sous-traité une prestation et l'on s'aperçoit qu'on y perd en savoir-faire, en coût ou en indépendance à long terme).

1.2. Les frontières mouvantes des organisations

Toute une série d'évolutions de nature économique et financière se traduisent par un éclatement des frontières de l'entreprise et par la constitution d'entités originales. Cet éclatement et cette diversification des formes organisationnelles peuvent être juridiquement reconnus ou non.

Les holdings

Modification stratégique ayant une répercussion juridique et organisationnelle, la filialisation d'activités est un phénomène connu. Il peut s'agir d'une scission, consistant à « dégrouper » l'une des activités et à la transformer en société indépendante. Par exemple, constatant l'évolution stratégique différente de ses principaux secteurs, la chimie, les biosciences, la pharmacie, ICI décide de rendre autonome sa pharmacie (voilà bien une « différenciation » organisationnelle, cf. supra). Mais la filialisation prend de telles proportions qu'on peut la voir comme une recherche extrême de création d'une forme d'action organisée intermédiaire entre l'organisation et le marché, aboutissement ultime d'un mouvement de spécialisation et de décentralisation (exemple : Grundig A.G. scindé en onze sociétés).

Le découpage en petites unités

Sans forcément de traduction juridique, il s'agit du morcellement d'une organisation, en petites unités quasi indépendantes, quelquefois même volontairement éclatées géographiquement.

Le réseau

Ces unités peuvent ensuite fonctionner de façon interconnectée, créant de manière spontanée des circuits de relations souvent informels. On est là dans la notion, fort à la mode aujourd'hui, de « fonctionnement en réseau ».

Les redéfinitions structurelles peuvent aboutir à des fusions-acquisitions selon des configurations nouvelles.

2. Au niveau de l'individu et de son espace de travail

2.1. Les courants ayant contribué aux modes d'organisation actuels

La transformation des modes d'organisation, brièvement esquissée plus haut, s'est faite grâce à plusieurs courants qui ont (successivement ou simultanément) influencé les responsables d'entreprises et les consultants qui les ont conseillés dans ce domaine.

H. Dubreuil (1883-1971) et les équipes autonomes

Bien que son influence ait été minoritaire dans les milieux patronaux, il est utile de rappeler l'œuvre de ce pionnier pour montrer que la critique de l'OST et la recherche de voies alternatives ne datent pas des années 60, contrairement à ce qui est dit souvent. Les nombreux voyages qu'effectue cet ancien syndicaliste, défenseur d'une vision humaniste du travail, dans les années 30 en Europe et aux États-Unis, le convainquent de la nécessité de mettre en place des structures décentralisées, fondées sur des petites équipes de travail, autonomes, et responsables de leurs résultats. L'équipe a à sa tête un animateur et passe un contrat avec les autres sur le travail à effectuer (on est tout à fait dans la relation « fournisseur-client »). Les comités portant son nom militeront dans les années 60 en faveur de l'enrichissement des tâches.

L'approche socio-technique

Elle trouve son origine après la seconde guerre mondiale dans les travaux de chercheurs britanniques et scandinaves dont certains étaient réunis autour du « Tavistock Institute » à Londres. Leur but est de « dessiner » des postes (*job design*) dont les contenus répondent à la fois aux exigences de la technique et à celles des individus qui les tiennent. Ils soulignent la nécessité de faire en sorte que le poste de travail soit suffisamment varié, autonome et capable d'assurer le développement professionnel de celui qui l'occupe.

F. Herzberg et l'enrichissement des tâches

La théorie de la motivation qu'il formule (1966) met en évidence l'importance des facteurs de motivation liés aux besoins de réalisation de l'homme, qui sont rarement satisfaits dans l'organisation habituelle des entreprises. Au contraire, selon lui, on s'occupe beaucoup des facteurs d'insatisfaction (salaire, conditions de travail...). Celle-ci peut tout au plus être supprimée, sans pour autant susciter de réelle motivation. C'est donc en concevant l'organisation du travail d'une autre manière qu'on y parviendra : en « enrichissant » les tâches de chacun, de manière à ce que le salarié dispose de plus de liberté, de responsabilité et puisse donner un sens à son travail.

Il est évident que ces courants, qui ont connu leur apogée dans les années 70, ont convergé dans la pratique et que de nombreuses entreprises ont repensé leur organisation du travail sans faire explicitement référence à aucun d'entre eux. Ils marquent pourtant un tournant historique et sont lisibles aujourd'hui dans les formes concrètes d'organisation du travail utilisées sur le « terrain ».

2.2. Les formes d'organisation du travail

Toute décomposition dans ce domaine ne peut qu'être simplificatrice, car la réalité mélange souvent des formes différentes. L'analyse présentée ici a surtout pour but de fournir un cadre de référence facilitant la compréhension des situations concrètes.

Le travail élargi

Il s'agit d'ajouter des tâches nouvelles à un poste de travail donné, de manière à augmenter le « temps de cycle » (c'est-à-dire le temps qui s'écoule entre deux tâches identiques). Le travail est donc moins répétitif, mais si la nature des tâches ajoutées ne change pas, le progrès dans le sens des « critères sociotechniques » est faible. En GRH, on parle dans ce cas de travail « plurivalent ». Le rôle de l'encadrement n'est pas nécessairement modifié.

Le travail enrichi (job enrichment *ou* job loading)

Il s'agit de tâches regroupées et plus complexes. Là aussi, le temps de cycle est augmenté mais surtout le niveau des tâches est plus élevé. Dans l'industrie, les voies les plus courantes d'enrichissement ont été :

– de confier à l'opérateur le réglage de sa propre machine,

– de lui demander de contrôler lui-même la qualité de son travail.

On peut trouver d'autres exemples dans le secteur tertiaire (le chef de rayon d'un magasin qui gère son propre stock, la secrétaire qui prépare elle-même son planning de travail, etc.). Il y a donc un nouvel ensemble de tâches reliées entre elles. Le rôle de l'encadrement ou d'autres opérateurs est nécessairement modifié. Un tel changement suppose préparation et formation du personnel concerné, puisque le niveau de compétences du salarié s'élève (on parlera de « polyvalence »). L'élargissement et l'enrichissement peuvent s'accompagner d'une rotation des tâches (un salarié passant d'un ensemble de tâches à un autre).

Le groupe

Au-delà des formes précédentes, on passe ici à une organisation fondée non plus sur des postes individuels (même enrichis) mais sur le travail d'un groupe de salariés. Les formes de travail en groupe sont nombreuses. Retenons quelques cas de figure essentiels.

– Le groupe polyvalent est le prolongement, en groupe, du travail élargi ou enrichi. Chacun réalise toutes les tâches. Subsiste un chef qui anime l'équipe et aide ceux qui en ont besoin.

– Le groupe autonome est identique, mais il n'y a plus de hiérarchie de premier niveau. Le groupe doit réaliser une production et est collectivement responsable de son résultat. Il peut par conséquent être amené à définir ses méthodes de travail, participer à la définition des objectifs, fixer ses propres règles de fonctionnement (type de division interne du travail, congés, etc.).

Ces formes portent des noms différents (« îlots de production », « équipes opérationnelles de base », etc.) et peuvent comporter des modalités différentes (polyvalence totale ou partielle, existence ou non d'un poste de « coordonnateur » d'équipe, etc.).

Les avantages des formules en groupe sont la flexibilité de la gestion, la réduction du nombre de niveaux hiérarchiques et l'élévation de la qualification des salariés. Ces formules sont souvent coûteuses en formation et quelquefois en espace ou en équipement nécessaires.

D'autres formes de travail en groupe existent aussi (cercles de qualité, groupes projet), mais de manière provisoire. Elles peuvent être des moyens de faire participer des salariés à des améliorations des processus ou à les faire contribuer ensemble à une production commune, mais ne modifient pas fondamentalement leur poste de travail quotidien. De nombreuses entreprises ont eu une organisation du travail parcellisée et individualisée (conforme à une tradition OST) et des cercles de qualité actifs.

Les changements dans la banque : macro et micro-structures

La Banque B. a séparé ses activités en trois ensembles selon les types de clients : entreprises, PME et commerçants, particuliers.

Des services marketing situés au siège produisent et diffusent des services adaptés aux clientèles (produits de gestion de trésorerie, crédits, assurances...). Des équipes-projets en assurent le développement.

La base de l'organisation est le conseiller clientèle, chargé de gérer son portefeuille de clients et de vendre les produits.

Dans le réseau « particuliers », le travail répétitif à faible valeur ajoutée est supprimé grâce aux automates.

Certaines activités sont supprimées ou sous-traitées, pour libérer du temps commercial chez des employés devenus plus polyvalents. Des objectifs commerciaux sont étendus à un plus grand nombre de salariés. Des primes collectives sont instituées pour renforcer la cohésion au niveau des agences.

Le contexte actuel a favorisé la mise en place de telles organisations. Mais, dans chaque cas, l'examen de leurs répercussions concrètes sur le travail des salariés s'impose et les questions de formation, de mobilité, d'évolution de la qualification font nécessairement l'objet de négociations sérieuses.

C'est ce qui a amené à formuler la notion d'« organisations qualifiantes » (Ph. Zarifian), pour exprimer l'idée de modes d'organisation qui favoriseraient l'accroissement de la qualification professionnelle de ceux qui y seraient soumis.

Plus un mot d'ordre qu'une réalité concrète, cette « organisation qualifiante » permettrait un apprentissage permanent, favoriserait la communication entre les salariés et créerait les conditions pour que le salarié se réapproprie à son niveau, les objectifs de son activité. Ce type de fonctionnement n'est pas présenté comme un progrès social en tant que tel mais plutôt comme une condition essentielle de performance industrielle, dans le cadre d'une analyse des modèles socio-productifs actuels insistant sur le caractère crucial de la « ressource humaine ».

Faire des prédictions sur l'évolution des organisations est un exercice redoutable.

On ne peut donc qu'être prudent sur l'analyse des formes actuelles et leur devenir : l'entreprise-« réseau », l'« entreprise polycellulaire », « polycentrique », « éclatée », « informationnelle », « qualifiante », qu'on nous annonce aujourd'hui sont davantage à considérer comme des représentations stimulantes que comme des réalités précises et stables.

Ce qu'on peut relever avec assurance, c'est certainement qu'il n'y a plus aujourd'hui un modèle socio-organisationnel dominant. On se trouve plutôt en présence d'une juxtaposition des modes d'organisation. Fortement influencés par les nouvelles conditions de la performance économique, ces modes d'organisation sont mis en place de manière très pragmatique, souvent avec des objectifs financiers à très court terme. Ils peuvent faire apparaître, dans la même entreprise, de l'organisation taylorienne pure ou accompagnée de groupes qualité (ce qui certains ont appelé du « taylorisme dégrippé »), du travail en groupes autonomes, sans parler des reliquats d'artisanat dans certaines activités marginales mais dont on redécouvre la vertu de flexibilité. Cette impression de variété et de complexité, liée à l'accumulation historique des modèles et au « bricolage » qui en résulte, s'accroît du fait que l'entreprise repousse sans cesse ses frontières, jusqu'à devenir cette vaste « organisation étendue » comprenant fournisseurs, sous-traitants, travailleurs intérimaires, distributeurs, alliés…

CHAPITRE VII

Agir sur les organisations

Les évolutions ou adaptations dont nous avons parlé ne se font évidemment pas toutes seules. Le but de ce chapitre est d'introduire les méthodes qui permettent l'analyse et le diagnostic d'une organisation.

Ensuite, il traitera des processus de changement organisationnel, à partir de l'analyse des pratiques de changement les plus fréquemment utilisées et de leurs conditions de réussite.

1. Méthodes d'analyse et de diagnostic

Sans prétendre à l'exhaustivité, nous partirons du micro (l'analyse du travail) pour aller vers le macro (l'analyse des structures).

1.1. L'analyse du travail

Domaine de prédilection de l'ergonome [1] et du psychologue du travail, elle est l'élément de base de toute réflexion sur l'organisation : il faut bien essayer de comprendre quelles sont les opérations réellement effectuées par les membres de l'organisation. Analyser l'organisation, c'est aussi analyser le travail [2]. Certains spécialistes de cette « science » du travail humain reconnaissent leur

1. L'ergonomie est la science de la relation entre l'homme, ses moyens, méthodes et outils de travail.

2. Ces deux domaines sont souvent séparés et c'est regrettable.

filiation à Taylor, même s'il s'agit aujourd'hui d'aboutir à d'autres modes d'organisation que ceux dérivés du « taylorisme ». Cette analyse du travail a plusieurs utilisations dans l'entreprise : organiser certes, mais aussi comparer et classer les postes les uns par rapport aux autres pour gérer la mobilité des salariés, détecter les besoins de formation et rémunérer de manière équitable [1]. L'analyse du travail va permettre de distinguer plusieurs niveaux de la réalité.

En commençant par les « tâches », opérations élémentaires effectuées par le salarié. Celles-ci peuvent être regroupées en « activités », grandes familles de tâches contribuant à une même transformation ou ayant le même objectif. Ces activités sont les composantes essentielles d'un « poste » ou d'une « fonction ». La tâche (et donc le poste de travail) est la traduction concrète de la place qu'occupe l'individu dans l'organisation. C'est l'organisation qui prescrit « le travail à faire », de manière plus ou moins détaillée.

Cette tâche se déroule dans un certain cadre de travail composé :

– des moyens techniques nécessaires,

– d'un espace de travail (procurant un certain degré de confort ou d'inconfort, cf. *infra*),

– d'une organisation matérielle (liée aux moyens techniques) : ordre des opérations, flux de matières ou de documents…,

– de consignes (de sécurité, de propreté, de qualité…), elles aussi plus ou moins détaillées.

On sait bien (cf. supra chapitre V) que le travail réellement effectué par l'opérateur résulte d'une adaptation pratique de ces prescriptions tenant compte :

– de ses propres capacités (par exemple : l'opérateur a ou n'a pas la caractéristique physique ou la compétence pour faire comme il devrait, il fera donc autrement…),

– de son expérience (ou de celle acquise au sein de son équipe), qui lui a appris comment faire en cas d'incident, comment aller plus vite sur telle opération, etc.

1. Voir les manuels de *Gestion des ressources humaines*, aux chapitres : Étude de postes et Qualification, notamment.

Ce qu'il y a à observer
dans une situation concrète de travail

- les déplacements,
- la direction des regards,
- les communications,
- les postures,
- les actions,
- le système technique,
- le contexte.

L'importance relative des éléments à observer varie, bien sûr, avec le type de situation de travail : les postures, les regards, le système technique sont plus importants dans des emplois d'opérateurs de production que dans ceux du tertiaire administratif, où les communications et certaines actions (d'information, ou de décision notamment) jouent un plus grand rôle.

C'est là où trouvent leur place à la fois les savoir-faire et tours de mains présents y compris dans les tâches apparemment les plus simples, et les stratégies individuelles et collectives des acteurs (alléger son travail, garder de la liberté, faire mieux que ce qui est strictement prévu, garder ses secrets ou les partager dans son groupe, freiner pour ne pas dépasser le rendement prescrit, etc.).

L'analyse du travail est donc bien l'analyse du « travail réel », résultat de l'articulation entre l'organisation et l'opérateur.

Le degré de détail dans l'analyse est quasiment illimité, aussi faut-il le calibrer par rapport aux objectifs que l'on poursuit : par exemple, la reconception d'un

SCHÉMA 1

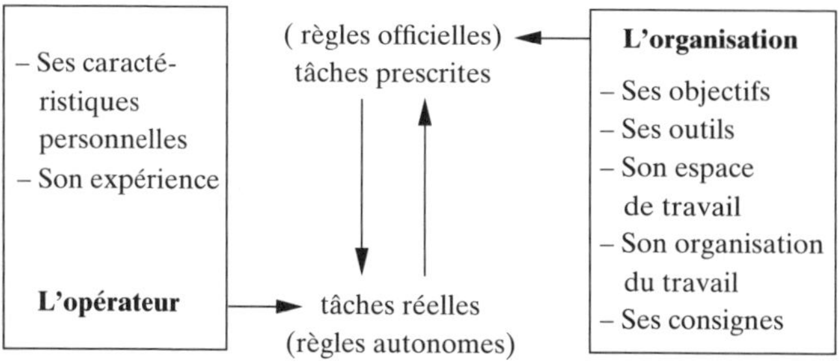

poste de travail et l'étude de ses conditions concrètes d'exercice (cf. *infra* 12) peuvent nécessiter d'aller assez loin dans le détail, l'étude de l'organisation générale d'un service le rend moins nécessaire. Cette analyse nécessitera une observation sur le terrain et un dialogue avec celui ou celle qui tient le poste ou la fonction. Plusieurs méthodes sont possibles pour ce faire.

TABLEAU 1

Avantages et inconvénients des différentes méthodes d'analyse du travail

Méthodes d'analyse du travail	Avantages	Inconvénients
Entretien individuel	Facile à organiser	Information difficile à analyser systématiquement
Entretien de groupe	Riche d'informations	Phénomènes de groupe qui interfèrent avec la récolte des faits
Questionnaire	On peut utiliser des questionnaires existants	Exigent une formation
Check-list	Facile à utiliser	Les réponses par oui ou par non simplifient la réalité
Journal personnel	Méthode familière pour tous	Lourd à réaliser
Observation directe	Apparemment facile	Omet ce qui n'est pas observable
Incidents critiques	Focalisé sur les causes de la réussite	Souvent incomplet

Source : tiré de C. Lévy Leboyer, *L'évaluation du personnel*, Ed. d'Organisation, 1993.

De toute façon, il est nécessaire d'utiliser plusieurs méthodes, de manière à croiser les informations. Aucune d'entre elles ne peut être utilisée sans une information préalable du personnel sur les objectifs et modalités de cette étude.

De l'analyse, le passage au diagnostic est souvent facile, compte tenu des informations et des opinions recueillies tout au long de l'opération : tâches manquantes ou inutiles, informations surabondantes ou insuffisantes, équipement inutilisé ou faisant défaut, autonomie d'action insuffisante ou carence de consignes, etc.

De l'analyse (descriptive) on peut alors passer, après recoupements et confrontations, à la décision de modification et à la définition du travail (normative).

Pour les postes administratifs qualifiés et pour les postes d'encadrement, l'analyse peut avoir pour but de repérer les principales missions du poste, sa place dans la structure hiérarchique et les principales attributions (ou zones de responsabilités) de celui qui occupe le poste. On peut rechercher par cette description un éclaircissement des rôles de chacun. Il s'agit d'une « formalisation » qui prend en compte ce qui était prescrit et ce qui pouvait ne pas l'être. On peut aussi vouloir aller plus loin dans le diagnostic et mesurer l'importance relative

Les phases du diagnostic d'une situation de travail

1. Formulation du diagnostic local : expression du point de vue de l'analyste, qui donne sa représentation de la situation, d'après son étude.
2. Diagnostic général : étude des facteurs qui amènent la situation analysée dans le diagnostic local (c'est-à-dire la manière dont les salariés travaillent effectivement) : facteurs économiques, techniques, de formation, de recrutement…
3. Diffusion du diagnostic au sein de l'entreprise et discussion avec les acteurs concernés (la direction, les cadres, les représentants du personnel…).
4. Accompagnement par l'analyste des transformations décidées, après une identification des acteurs et de leurs objectifs (qui veut un changement ? quels sont les enjeux, pour l'entreprise, pour les salariés, l'encadrement ?) :
   - formulation d'objectifs détaillés,
   - évaluation des solutions proposées (nouvelle organisation, nouvel équipement…),
   - aide à la mise en œuvre des solutions retenues.

Source : d'après Guérin, Laville, Duraffourg, Kerguelen, *Analyser le travail pour le transformer*, ANACT, 2007 (rééd.).

des différentes activités du salarié, juger de leur cohérence par rapport aux grands objectifs de l'unité, etc. Différentes méthodes peuvent alors être utilisées à cette fin, selon le degré de détail et de rigueur que l'on veut apporter. L'une d'entre elles consiste par exemple :

– à repérer les grandes « missions » de l'unité analysée (on arrive souvent à cinq ou six grandes missions),

– à décomposer chacune des missions en activités concrètes (nomenclature d'activités),

– à mesurer le pourcentage de temps consacré à chacune des activités (en général par un questionnaire auto-administré).

L'exploitation de ces données permet de voir ce qui est dominant, de caractériser des types de postes par rapport à leurs contenus réels, de constater s'il y a des « missions » délaissées, etc.

1.2. L'analyse des conditions de travail

Les conditions concrètes de l'exercice du travail (rythme, température, risque encouru, etc.) sont évidemment un enjeu très important pour le salarié. Une approche de l'organisation du travail qui ne prendrait pas en compte ces éléments resterait abstraite. Cette analyse peut être incluse dans l'analyse précédente (paragraphe 1.1.) ou distincte. Pour autant, il ne s'agit pas d'un domaine aisé, puisque chacun peut avoir une opinion différente sur ce que sont de « bonnes » ou de « mauvaises » conditions de travail. Un salarié trouvera difficile un rythme de travail que son chef trouvera... normal. Un débutant considérera comme pénible un bruit auquel ses collègues plus anciens sont accoutumés, etc. Aussi a-t-il été élaboré certaines méthodes proposant des critères de mesure des conditions de travail qui, si elles ne prétendent pas à une précision scientifique, permettent d'introduire quelque rigueur dans l'analyse et par conséquent plus de sérénité dans la négociation sociale.

Renault, par exemple, utilise des fiches d'analyse ergonomique où sont analysés différents critères, et pour lesquels l'évaluateur attribue une note allant de 1 (risque faible) à 5 (très élevé).

Des questionnaires existent aussi pour « mesurer » le contenu des tâches ou les sources de stress (par exemple, celui de Karasek).

Exemples de critères d'analyse des conditions de travail

- Environnement physique du travail (température, éclairage...).
- Charge physique.
- Charge mentale.
- Temps de travail.
- Initiative.
- Communications possibles.

L'organisation du travail en Europe (enquête U.E., 2007)

26 % des salariés déclarent travailler à des cadences très élevées tout le temps ou presque (19 % en 1990) et 37 % dans des délais stricts.

Le rythme de travail est déterminé par les exigences des clients (68 %), par des exigences numériques et de production (42 %), par la vitesse automatique d'une machine (19 %, 40 % dans l'industrie).

Les niveaux d'autonomie professionnelle restent faibles dans l'industrie et la construction.

25 % des salariés travaillent une partie du temps en dehors des locaux de leur employeur.

42 % des salariés travaillent un nombre d'heures différent chaque jour.

www.eurofound.europa.eu/ewco

1.3. L'analyse des processus

Nous avons vu qu'une organisation est traversée par des flux et des processus qu'il faut repérer et analyser. On appellera « processus » une suite d'opérations enchaînées entre elles, produisant (ou reproduisant) des résultats (exemple : processus d'inscription administrative, de facturation, etc.). Une étude des flux existants (flux de matières, de produits ou d'information) est donc souvent un passage indispensable pour comprendre le fonctionnement d'une entreprise et discerner d'éventuelles difficultés. Dans l'analyse de l'organisation administrative d'une entreprise, on a recours depuis longtemps à des représentations graphiques (appelées

« ordinogramme » ou « logogramme »), permettant de suivre les différentes étapes d'une opération et les différentes interventions qui s'y déroulent (« analyse des circuits »). L'analyste informaticien préparant l'informatisation d'une procédure commence lui aussi par ce type d'étude.

Cette étude permettra de repérer les redondances éventuelles, de simplifier les circuits de transmission d'information, de vérifier si les unités concernées sont bien toutes impliquées dans la procédure, etc.

1.4. L'analyse et le pilotage de la performance

Le développement des outils de gestion, correspondant à l'accent mis par la majorité des entreprises sur la rentabilité financière et la productivité, ouvre une voie importante dans l'action sur l'organisation. Dans ce cas, les directions ne cherchent pas tant à agir directement sur l'organisation elle-même, mais plutôt mettent en place des outils de gestion qui vont orienter les structures existantes, en fonction des objectifs fixés. Tout un arsenal de tableaux de bord et d'indicateurs quantitatifs cherche à « mettre sous contrôle » l'action des salariés et

Les dimensions de l'organisation du travail

L'étude statistique des « conditions de travail » réalisée par l'INSEE et le ministère du Travail distingue les emplois selon deux axes essentiels.

• Le premier oppose les emplois d'« exécution » aux professions intermédiaires et aux cadres. La position d'un poste sur cet axe mesure le *« champ d'action »* du salarié. Celui-ci est composé de trois éléments :

– un réseau de communications (ex. : avec qui puis-je discuter ? à qui puis-je téléphoner à l'extérieur ?),

– un degré d'autonomie (ai-je des normes de cadence ? ai-je des consignes précises, ou seulement un objectif général ?),

– des responsabilités hiérarchiques.

• Le second oppose, à champ d'action égal, le travail « industriel » (règles formalisées et qui s'imposent) au travail « artisanal » (règles intériorisées par la personne, non imposées). Dans ce sens, le travail « industriel » n'est pas l'apanage de l'ouvrier, il concerne tous les salariés, à tous niveaux, réalisant un travail peu personnalisé et très formalisé.

Les différentes méthodes d'analyse et d'action

Si l'on essaye d'avoir une vision d'ensemble des méthodes, on peut distinguer :

– celles qui portent sur l'analyse et la définition des postes et des situations de travail (cf. 1.1. et 1.2.) ;

– celles qui cherchent à réduire les coûts et simplifier les circuits et processus (cf. 1.3.) ;

– celles qui sont fondées sur une modélisation systémique, et qui ont pour but d'améliorer le pilotage de l'entreprise et son système d'information (cf. 1.4.) ;

– celles qui cherchent à analyser les jeux d'acteurs et ainsi aider à une réflexion sur le changement (cf. 1.5.) ;

– celles qui aident les dirigeants à reconcevoir les « macro-structures » de l'entreprise (cf. 1.6.).

On peut aussi citer les approches socio-techniques (appliquées surtout aux projets industriels) et celles qui proposent un accompagnement psychosociologique du changement.

Chaque famille de méthodes part d'une « image » de l'organisation différente et poursuit un but différent. Leur mise en œuvre concrète n'est cependant pas toujours clivée de manière absolue. Certaines peuvent même être compatibles. Ce qu'il faudra surtout avoir en tête au moment du choix, ce sont les conséquences de chaque méthode en ce qui concerne :

– la participation des acteurs (certaines approches sont plus « participatives » que d'autres) ;

– la modularité de l'analyse (faut-il tout passer en revue, ou peut-on se centrer sur une unité, une situation ?) ;

– le rôle du consultant (expert ou facilitateur ?).

Ces méthodes font l'objet d'effets de mode, en raison du marché du conseil dans lesquelles elles sont utilisées. Ce domaine fait l'objet, comme d'autres dans le champ du management, de pseudo-nouveautés à partir de problématiques et de concepts récurrents.

des managers et contribue ainsi à faire fonctionner l'organisation dans le sens fixé. Des consultants nombreux, internes ou externes, interviennent sur le couple structure de gestion/information de gestion. Ils sont parfois appelés « organisateurs », preuve que, dans ce cas, l'organisation est envisagée exclusivement sous l'angle du système de gestion de l'entreprise.

1.5. L'analyse des acteurs (« analyse stratégique »)

L'approche sociologique, que nous avons esquissée dans le chapitre V, peut être mise en œuvre de la manière suivante.

Elle part d'une situation qui pose problème. C'est par rapport à ce problème (et non pas dans l'abstrait) que l'on va chercher à comprendre les positions des acteurs et leur dynamique.

La première étape est d'avoir une vue d'ensemble de l'organisation, à travers ses cinq éléments-clés : la composition socio-démographique (les ressources humaines), la structure, la ou les cultures, le métier ou la technologie, et l'environnement.

La deuxième étape est l'analyse des relations entre les principaux individus ou groupes présents dans la situation.

La troisième étape est le repérage des principales zones d'incertitude de l'organisation étudiée (ressources financières ? compétence technique ? maîtrise des approvisionnements ? relations avec les autorités de tutelle ?).

Ensuite on procédera au repérage des principaux acteurs de la situation, en essayant pour chacun d'eux de comprendre :

– leurs enjeux,

– les ressources (de toutes natures) dont ils disposent par rapport aux zones d'incertitudes,

– leurs stratégies.

On comprendra en conséquence les possibilités d'alliances ou d'oppositions entre acteurs face au problème, les ressources qui leur manquent éventuellement pour y faire face, les modes de fonctionnement qui peuvent changer la qualité des relations, les contraintes qu'il faut éventuellement lever pour créer un nouveau jeu relationnel, etc.

Cette analyse sera fondée sur une enquête approfondie auprès des acteurs, mais elle peut être réalisée aussi, dans les cas où cette enquête est impossible, par un groupe réunissant des personnes (dont certaines non engagées dans l'action) qui connaissent bien le milieu à analyser.

1.6. Les méthodes de conception globale des structures

La littérature dans ce domaine propose des méthodes qui correspondent rarement aux processus réels de décision. Le domaine de la conception des structures est tellement important pour une direction générale qu'il est souvent du ressort de l'approche « politique » de la décision. D'autre part, il est impossible d'établir une relation directe entre le choix des structures et la performance de l'entreprise, ce qui n'encourage guère à l'usage d'outils précis.

Un gestionnaire ayant à préparer une réforme de structures pourra cependant se rappeler, s'il ne veut pas se laisser guider complètement par son intuition et son habileté politique, qu'il a trois types de critères à considérer :

– l'adéquation structure-stratégie,

– l'adaptation de la structure aux ressources humaines et aux cultures existantes,

– des critères de coûts.

En d'autres termes, la structure vers laquelle il lui faudra tendre sera la recherche d'un équilibre (stabilisé à un certain moment) entre :

• les réponses à apporter aux environnements de l'entreprise. Du point de vue structurel, cela pourra aboutir à différencier les unités ayant à gérer les divers environnements, à créer des organes capables de mettre en place des politiques adaptées, etc.,

• les ressources, capacités et compétences disponibles ou qu'on peut acquérir de manière réaliste. Par exemple, certaines structures ne peuvent être mises en place que si existent (ou sont rapidement disponibles) les types de compétences nécessaires : managers polyvalents pour diriger les divisions ou centres de résultat, ingénieurs à forte capacité relationnelle pour les structures de projet, etc.,

• la recherche d'économies à tous niveaux. Les structures d'une entreprise peuvent générer trois types de coûts :

– des coûts salariaux (effectifs),

– des frais généraux,

– des coûts de coordination.

Le choix d'une structure doit avoir pour objectif de minimiser ces coûts. On voit donc que, comme toute décision complexe, le choix structurel doit prendre en compte une pluralité de facteurs. Il ne faut pas négliger également l'existence, à certains moments, de principes généralement acceptés par les milieux dirigeants à un moment donné.

Au-delà de phénomènes de mode (qui incontestablement existent), il y a aussi à certaines époques une diffusion d'idées liées (même implicitement) à des modèles socio-productifs en vigueur (ou qui l'ont été par le passé…). Ceci explique les « vagues » de décisions structurelles qui apparaissent périodiquement et dont l'apparente incohérence frappe l'observateur (par exemple : une série de décisions de croissance par absorptions, justifiées par des considérations de taille, rapidement suivies de décisions de décentralisation ou d'éclatement).

On le voit, les méthodes sont multiples. Leur choix dépendra des capacités, des préférences et des modèles mentaux de ceux qui sont censés les utiliser. Les cabinets de conseils, par exemple, combinent de manière pragmatique des éléments tirés des différentes approches correspondant à leur expérience et à leur clientèle. On doit toutefois faire quatre remarques :

– tout dépend du niveau de l'analyse et de la partie de l'édifice organisationnel concernée. L'étude et le choix des macro-structures correspondent à des choix stratégiques et politiques rendant secondaire la question méthodologique. La reconception des postes de travail ou de l'organisation d'une unité, l'amélioration des circuits et des relations, au contraire, nécessitent une précision et une rigueur qui sont facilitées par un bon cadrage méthodologique ;

– il est nécessaire de passer par une phase de représentation de l'existant. Personne ne dispose dans une organisation d'une vision complète et détaillée de toutes les activités et opérations. D'autre part, il faut périodiquement réexaminer les « régulations conjointes » qui ont été élaborées sur le terrain. Quelle que soit la démarche adoptée, elle doit avoir la vertu de fournir un vocabulaire, des concepts, voire des outils qui permettront cette représentation ;

– on retrouve dans ces méthodes la dualité « système » et « acteur » évoquée précédemment. Certaines méthodes examinent seulement les procédures, les flux, les objets ; d'autres s'intéressent principalement aux comportements des personnes. Les premières pèchent par irréalisme, car elles négligent l'incertitude humaine. Les secondes auraient le défaut de ne pas prendre en compte suffisamment le soubassement technique et administratif des activités de l'organisation. D'un côté, est présent le risque d'un système inhabité. De l'autre, d'habitants sans système. Une approche combinée est donc nécessaire, faisant place conjointement aux contraintes techniques et administratives (qu'il faut étudier dans le détail, et certaines des méthodes évoquées ci-dessus le permettent) et aux attitudes et stratégies des acteurs qui leur donnent une certaine forme organisationnelle ;

– pour les analyses aux niveaux micro ou intermédiaire, la vraie démarcation est sans doute davantage dans l'usage fait de ces méthodes que dans leur différence purement technique. Le degré d'explicitation des objectifs et d'information des salariés concernés, le type de recueil d'information effectué, le degré de participation réelle des intéressés au diagnostic peuvent varier considérablement d'une entreprise à l'autre, d'un consultant à l'autre. Un usage étroitement technocratique peut en être fait, fondé sur une prétendue « scientificité » de la méthode (écartant donc toute contestation possible) et une complète opacité des fins. Au contraire, on peut tendre vers une démarche « avec » et « par » les acteurs concernés [1], de manière à faciliter l'adaptation concertée des mesures à prendre.

Un changement à plusieurs composantes

Dans cette entreprise de services de 140 personnes, la structure était centralisée et l'encadrement intermédiaire inexistant. Décision est prise de mieux déléguer les responsabilités, en créant quatre postes de responsables de site (rattachés au directeur exploitation) dirigeant 30-40 agents, chargés de gérer les plannings, les horaires, régler les questions de qualité en enquêtant auprès des clients. Parallèlement, une opération d'analyse des compétences permet d'affiner l'organisation des équipes et d'envisager les parcours de progression des salariés. Le recrutement et l'intégration des nouveaux sont ainsi facilités. Une formation au management est organisée pour les nouveaux responsables du site.

1. Selon l'expression en vigueur naguère dans le groupe Danone.

Plus la taille de l'entreprise est réduite, moins les interventions sur les structures peuvent être séparées d'actions sur l'organisation du travail, le management, les outils de gestion, les compétences… L'action devient donc globale, touchant des domaines liés.

2. Le changement organisationnel

La qualité des choix organisationnels est de peu d'effet si le processus de changement adopté pour les mettre en œuvre est inadapté. Les conditions concrètes du changement jouent un rôle déterminant sur les résultats qu'on peut en attendre.

Il n'existe évidemment aucune « science » du changement, qui permettrait de réussir à tous coups. Mais on peut au moins être lucide sur les risques et les atouts des différentes manières qu'il y a d'introduire un changement organisationnel.

Les différents styles de changements

Plusieurs stratégies sont possibles, selon le type de relation qui s'instaure entre les dirigeants (ou les acteurs qui prennent l'initiative et conçoivent le changement), et les autres (sur qui s'applique le changement).

– Ils peuvent recourir à *l'autorité* (changement imposé). Une information minimale est donnée aux salariés, le changement est mis en œuvre de manière stricte, planifiée. Cette stratégie peut être adaptée à des changements rapides, mais soulèvera en général des oppositions fortes… ou bien une résistance passive. Le changement risque d'être faiblement intégré.

– On peut recourir à la *persuasion* (changement « vendu »). Les dirigeants préparent un « marketing » de leur projet, présentent le changement au mieux, usent de toute leur conviction. Ce discours séduisant peut aboutir. Dans les cas difficiles, les acteurs resteront passifs et reviendront à leurs anciennes pratiques une fois la vague de « communication » passée…

– La *négociation* donne à tous les acteurs un rôle plus actif. Les enjeux sont « mis sur la table », la discussion peut être dure. On recherche un compromis acceptable. Ceci suppose qu'il y ait des partenaires clairs pour la négociation, qu'on ait aussi le temps de mener ces discussions. Cette stratégie n'est possible que si l'on accepte l'expression des tensions.

– Le changement « *participatif* » est souvent présenté par l'École des Relations Humaines et aussi par l'approche socio-technique (cf. supra), comme le meilleur, dans la mesure où il favorise l'expression et rend les salariés actifs. Il permet effectivement d'aboutir à un changement bien intégré. Mais il suppose une information largement partagée et une volonté de participation de tous les acteurs (qu'en sera-t-il si l'attitude de « retrait » prédomine chez les salariés concernés ?). Il nécessite également du temps et de la persévérance.

Les stratégies de changement organisationnel, dès qu'elles concernent des opérations complexes (réorganisations importantes, changements de structures et de systèmes de relations, réorientations des objectifs, mise en place de nouvelles technologies...), sont bien sûr composites. Certaines phases sont directives, d'autres plus participatives. Il importe en tout cas que les responsables soient conscients des difficultés inhérentes au style qu'ils ont engagé...

Sans se référer forcément à une approche particulière, de nombreuses méthodes d'organisation passent aujourd'hui par un travail en groupes, réfléchissant à des améliorations rapidement mises en œuvre et ce, de manière répétitive (comme le Kaizen japonais). Ces améliorations associent souvent organisation, management et compétences des équipes.

Les étapes d'un projet

– Identification des enjeux pour chacun.
– Diagnostic de l'organisation.
– Comparaison enjeu/diagnostic.
– Groupes participatifs travaillant sur les améliorations.
– Conception et validation par la hiérarchie d'un plan d'action.
– Mise en œuvre.
– Évaluation régulière des résultats.

La conduite du projet

Concrètement, la conduite d'un changement suppose un certain nombre d'opérations :

– clarification des objectifs,

– choix des méthodes et du style,

– désignation des acteurs et de leurs rôles respectifs (qui animera les réunions ? qui fera les études préalables ? qui arbitrera en cas de désaccord, etc.),

– fixation des « zones négociables » du changement,

– recherche et consolidation des appuis politiques au projet,

– contrôle de l'avancement et respect du calendrier.

Cette conduite du projet est d'autant plus cruciale que c'est d'elle que va dépendre la perception que les acteurs ont du changement et de la place qu'ils peuvent – ou non – y tenir.

Ainsi, dans la ligne de l'approche par les acteurs, on peut dégager trois idées essentielles :

– Le changement doit placer les acteurs dans des situations nouvelles, de manière à susciter des comportements nouveaux. Ce ne sont pas les discours – même volontaristes et habiles – qui poussent au changement, mais la nécessité pour le salarié de s'adapter à la situation qu'il a à affronter, pourvu qu'on l'y aide si nécessaire.

– Il n'y a pas d'organisation ou de système de gestion bon en soi : il faut toujours que les occasions d'une action soient réellement saisies par les acteurs, sinon le système même « excellent » en théorie reste lettre morte. La conduite du projet doit donc favoriser l'appropriation – éventuellement progressive – du système par les acteurs concernés.

– La conduite du projet nécessite l'exercice d'un certain « leadership ». Il faut quelqu'un pour clarifier constamment les objectifs, redéfinir les méthodes, associer les acteurs, le tout dans une dynamique durable. E. Friedberg parle de la nécessité d'« entrepreneurs sociaux », c'est-à-dire d'individus capables de porter un projet collectif, de l'adapter aux évolutions, d'aider les autres acteurs à s'y reconnaître et à l'influencer. Rien n'est spontané en matière de changement organisationnel.

CONCLUSION

Les approches théoriques et pratiques de l'analyse des organisations se sont diversifiées, pour aboutir aujourd'hui à un vaste ensemble. On pourrait déplorer son étendue et son manque de cohérence, mais ce serait vain : l'action organisée est trop complexe, mobilise trop de disciplines différentes, soulève trop d'enjeux pour ressortir de modèles simples et unifiés.

D'autre part, cette situation du domaine correspond à un état de la réalité économique et sociale : éclatement des modèles socio-productifs, dispersion des formes organisationnelles observables. Certains considèrent qu'elle appelle un bouleversement de l'analyse (on parle alors de « post-modernisme »).

Aussi l'utilisateur a-t-il besoin d'une large gamme de concepts et de méthodes pour comprendre les situations dans lesquelles il se trouve et agir sur elles si nécessaire. Dans sa démarche, il n'évitera pas hésitations et tâtonnements. Mais c'est aussi – et peut-être surtout – par l'interrogation méthodologique et l'aller-et-retour entre « terrain » et réflexion théorique qu'il pourra progresser dans sa capacité de comprendre et d'agir.

BIBLIOGRAPHIE

Pour une revue des théories et auteurs en analyse des organisations (Chapitre I) :

Desreumaux A., *Théorie des organisations*, 2e édition, Paris, EMS, 2005.

Hatch M.J., Cunliffe A., *Théorie des organisations*, 2e édition, Bruxelles, de Boeck, 2009.

Rouleau L., *Théories des organisations*, Québec, P. U., Québec, 2007.

Saussois J.M., *Théories des organisations*, Paris, La Découverte, Repères, 2007.

Scheid J.C., *Les grands auteurs en organisation*, 2e édition, Dunod, 2005.

Pour un approfondissement des théories économiques de l'organisation (Chapitres I, III, IV) :

Ménard Cl., *Économie des organisations*, Paris, La Découverte, Repères, 2004.

Pour une introduction à la sociologie des organisations (Chapitres I, III, V) :

Baglia L., *La sociologie des organisations*, Paris, La Découverte, Repères, 2003.

Bernoux Ph., *La sociologie des organisations*, Paris, Seuil, 6e édition, 2009.

Un approfondissement et une opérationnalisation sont apportés par :

Amblard H., Bernoux Ph., Herreros G., Livian Y.F., *Les nouvelles approches sociologiques des organisations*, 3e édition, Paris, Seuil, 2005.

Pour un point sur les recherches actuelles sur les évolutions des entreprises (Chapitre VI) :

Baudry B., Dubrion B. (dir.), *Analyses et transformations de la firme*, Paris, La Découverte, 2009.

Une tentative de bilan complet est proposée par :

Les organisations, état des savoirs, 2e édition, Éditions « *Sciences Humaines* », 2005.

Pour un approfondissement des pratiques d'organisation :

Livian Y.F., *Organisation : théories et pratiques*, 4e édition, Paris, Dunod, 2008.

Site de l'ANACT (Agence Nationale pour l'Amélioration des Conditions de Travail) : www.anact.fr

QUIZ

1) Que pensez-vous de cette définition d'une organisation : « une unité économique de coordination, ayant des frontières identifiables et fonctionnant de manière relativement continue en vue d'atteindre un objectif ou ensemble d'objectifs partagés par les membres » (Robbins, cité par Cl. Ménard) ? (Réponse pages 11-12).
2) Qu'entend t-on par « action organisée » ? Quels exemples diversifiés peut-on en donner ? (Réponse pages 8-9).
3) Y a-t-il des points communs entre certaines des sept images de l'organisation ? Lesquelles ? (Réponse pages 15-16).
4) Quels rapprochements peut-on faire et quelles différences peut-on voir entre Taylor et Weber ? (Réponse pages 18-23).
5) Qu'est-ce qu'une « bureaucratie » ? Pourquoi distinguer des bureaucraties « professionnelles » et « mécanistes » ? (Réponse pages 22-34).
6) Qu'est-ce qui peut faire passer une entreprise d'une structure par fonction à une structure par divisions ? (Réponse page 27).
7) Quelles sont les différentes catégories de structures divisionnelles ? Trouvez des exemples concrets dans chacune de ces catégories. (Réponse page 28).
8) Prenez un organigramme d'entreprise et classez les services dans les cinq éléments de base de la structure de Mintzberg. (Réponse page 32).

9) Qu'appelle-t-on « déterminisme technologique » ? (Réponse page 45).

10) Quels sont les moyens utilisables pour assurer « l'intégration » de l'organisation ? (Réponse page 49).

11) Citez des formes d'action de l'entreprise sur son environnement :
- économique,
- social,
- financier,
- technique,
- administratif. (Réponse page 54).

12) Pourquoi le modèle « classique » de la décision persiste-t-il ? (Réponse page 56).

13) Quels sont les trois modèles utilisables pour analyser la décision de blocus américain à Cuba ? (Réponse page 58).

14) Définissez la notion de « rationalité limitée ». (Réponse page 58).

15) Qu'entend-on par « stratégie d'acteur » ? (Réponse page 67).

16) Définissez la notion de pouvoir dans une organisation. (Réponse page 70).

17) Quelles sont les différences entre élargissement et enrichissement des tâches ? (Réponse page 83).

18) Quelles sont les méthodes d'analyse du travail les plus légères ? (Réponse page 90).

19) Les rythmes ou cadences de travail ont-ils tendance à ralentir en Europe ? (Réponse page 93).

20) Peut-on utiliser des méthodes « scientifiques » pour redessiner la structure d'une entreprise ? (Réponse page 98-99).

21) Quels types de stratégie de changement vous paraissent-ils adaptés à une grande bureaucratie ? une PME ? une entreprise culturelle ? (Réponse page 101-102).

TABLE DES MATIÈRES

Réalisé en PAO par STDI – Zone artisanale – 53110 Lassay-les-Châteaux
Imprimé en France – JOUVE, 1, rue du Docteur Sauvé, 53100 Mayenne
N° 502656C – Dépôt légal : Janvier 2010